RED ARCHIVES 02

近過去 near past
奥浩平への手紙

川口　顕

社会評論社

一つの継続した我とは何だ？

それは記憶の影の堆積だよ。

記憶の喪失ということが、俺たちの毎日していることの全部だ。忘れてしまっていることを忘れてしまっている故、色んなことが新しく感じられるんだが、実はあれは、俺たちが何もかも徹底的に忘れちまうからのことなんだ。昨日のことどころか、一瞬間前のことをも、つまりその時の知覚、その時の感情をも何もかも次の瞬間には忘れちまっているんだ。それらのほんの一部の、朧げな複製が後に残るにすぎないんだ。

だから悟浄よ、現在の瞬間てやつは、何と大したものじゃないか。


（『悟浄出世』　中島敦より）

【写真上】 機動隊と衝突する白ヘル学生。その背後では群をなす佐世保市民が機動隊を監視し、催涙弾の直撃や放水が減った（'68.1.21）
【写真下】 佐世保でデモを指揮するK（右から二人目）。この直後、機動隊の襲撃を受けて病院に運び込まれた（本書 210 頁）

出典：アサヒグラフ 1968 年 2 月 2 日号

近過去《near past》　奥浩平への手紙　＊目次＊

◆プロローグ

「近過去（near past）」と名付けたのは私がこれまでに経験した事柄が、死んだ過去ではなく、現在もなお、肉体と精神の中に残り一部は生きていて、過去として消え去っていないからである。どきどきするような興奮や忘れようもない悲しみは近過去の中の一瞬の輝きでしかないのだが、それは渚のさざ波が足を洗うようにいつも私の中で生き続けている。

六〇年代終わりころ、ある勉強会で本多延嘉は、扇子を横に持ち胸の高さで示しながら、次のように歴史について語った。

「歴史はこう横に続いているとされていて、右が古く、左端が現在と考えることが多い。しかし、現在を縦に切ったとき（扇子を縦にして）過去である古代、中世、近代的なものがこの現在の底のほうに同時に存在する」

（これは、日本共産党の二段階革命論の批判の根拠として語られたのだったが、この歴史観はのちに、丸山真男によって「歴史意識の『古層』」として概念化された）

この発想は私に大きな影響を与えた。学校の教科書にあるぶつぶつと時代区分を切った歴史年表に疑いを持っていた私は、この考え方で一瞬のうちに「歴史への嫌悪感」を解決したのであった。

これは『近過去』を書いていくうえで一つの指針となった。

第Ⅰ部と第Ⅱ部を書いた時間的順序は逆で、第Ⅱ部が先であり、二〇一〇年頃に書かれた。五年後にレッドアーカイヴズシリーズの企画を実行に移してから第Ⅰ部は書かれている。その理由は、第Ⅱ部を書き終えてから、「古層」についての考えがはっきりしてきて、自分の考え方の「古層」のようなものを明らかにして、「浩平との対話をしたい」と考えるようになったからである。

私は対話するとき、情報は等価でなくてはいけないと思っているので、この著述でも、奥浩平の日記に記されたあからさまな記述にたいして等価の告白をするべきだと考え、そうしたつもりである。

第Ⅱ部の懲役刑の経験は、同時代の活動家が多かれ少なかれ、党派を問わず経験したことで、まれなことではない。多分、誰もすべて数えてはいないだろうが（公安警察以外）一千人の単位で「獄中闘争」を闘った、あるいは闘っている仲間がいるだろう。彼らがもう一度、このうとましくも非人間化した世界を投げ返す活動力を発揮して、もっと語りつくしていくこと、経験をつないでいくことを願い、本書をもって問題提起とした。

第Ⅰ部
君と話しておきたかったこと

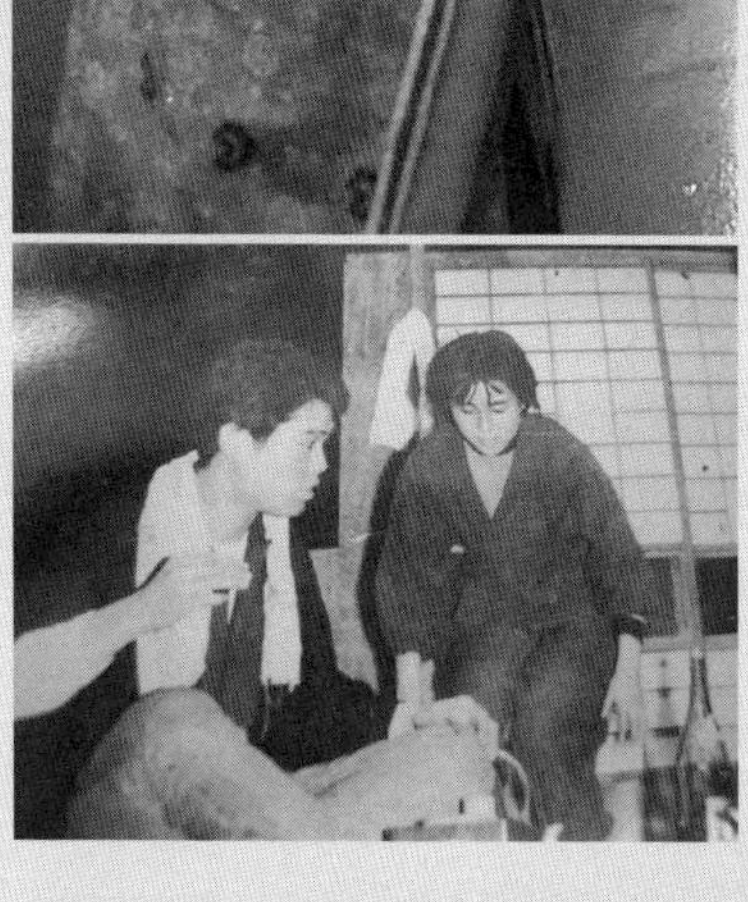

【写真】小山台高校演劇部
演目「異本竹取物語」と「こいこく」から
十二単のK子(上)、三造役のKと妻・光枝役のK子(下)

1 家族

子捨て

奥浩平の場合

「九歳だった。五月だった。今のように新しい家のにおいがぷうんとしていた。一つの場面は鮮やかにぼくの頭に残っている。食卓を中心に向かい合っていた父と母。薄気味悪い静けさ……。母は家を出ていく。ぼくもついていく。

もう一〇年も経った。母はまた帰ってくる。彼らの間に、どのような反省がなされたのか知らない。父は年老いた。だが、彼の考えが変わったわけではない。母は一〇年間実家にいた。だが、女性の立場について認識を持った訳ではない。二人は会う。みんながおめでとうという。ぼくは言う。ごくろうさん」

（『青春の墓標』レッド・アーカイブズ第一巻44頁）

「九歳だった浩平は母と別れて上京するのを強く拒み、執拗に哀訴し続けたという」

（奥紳平氏による「あとがき」レッド・アーカイブズ第一巻336頁）

「ぼくもついていく」のは浩平の願望だった。実際には母と一〇年の離別となった。「成人するまで」という条件付きで「母との文通も厳禁」「母からも安否を気遣う便りすらなかった」

一〇年が経ち、父母のよりがもどったが、「ごく短期間で両者の破たん」が訪れる。「危機を乗り切ることできるかに見えた父母の仲は、一方的な母の決意によって全く突然に破られた」。浩平君は、二度捨てられたのである。

K君が九歳の夏だった。母がどのような理由を言ったかは覚えていない。突然に「今日からはお父さんと一緒に暮らすのよ」とK君の手を引いて洗足の家を出た。

武蔵小山の駅で降りると、駅前のアーケードの入り口で「何かほしいものはあるかい、買ってあげるから」と言った。母と一緒に電車で出かけることはこのところなかったし、何か買ってくれるなど予想もしていなかったことだったので、K君はとまどい、ちょっと考えた。アーケード街には行かず駅前にある洋品店の店先に野球帽が展示してあるのを見て、「あれがいい」と買ってもらった。「こんなもんでいいの」と母は残念そうだった。もっといいもの、といってもK君には思いつかなかった。

また一駅、目蒲線に乗って、不動前で降りた。父の住むアパートまで歩き、K君は父に引き渡された。六畳一間の部屋に母と父とが座って低い声で話している。K君は「狭い家だな」と思っただけでそこに住む理由は聞かなかった。深刻そうに話す二人に割り込むことはできなかった。母はK君に何も言わず帰って行った。

夕方になった。北村さんと娘が帰ってきた。そこは父と愛人の北村さん、その娘と三人が暮らす部屋だとわかった。

建物は二〇部屋くらいある大きなアパートで、玄関も広かった。そこへ揚げ物屋が売りに来て、住人が群がって晩のおかずを買いあさっていた。K君は少し離れて洗足では見たことのない風景、にぎやかな風景をながめていた。

北村さんが来て「何か食べたいものある」ときいた。K君は「ごぼうまき」と答える。おかずのちくわや揚げボールとは別に一本買ってくれた。新聞紙につつまれて、ほんのり温かみの残っているごぼう巻をにぎって、じっとK君の顔をみつめる北村さんにちょこっとお辞儀をして、てれかくしに玄関の外を見た。大きな、真っ赤な夕日が洗足の方角に沈んでいく。ごぼう巻をかじりながら、K君は沈みきってしまうまで見ていた。

夕飯になって揚げ物をあまからく煮たものがおかずにでた。父の晩酌には、北村さんが押入れから何かを出して、共同の炊事場で焼いてきた。部屋にその皿を持って入った時に、部屋中に香ばしいみその香りがただよった。K君は興味津々で皿の上のものを見ていた。父は黙って、裂いた一本をK君に与えた。はじめて食べる味、スルメの味噌漬けだった。K君は「こんなうまいもの、はじめてだ」というと、父はにんまりと笑った。北村さんも、うっすらと笑っていた。

夏休みになったが、K君、昼間は行くところがない。武蔵小山か西小山まで歩けば五〇円で二本立ての映画がみられたが、小遣いはなかった。近くのお不動さんにいって、小さな滝にあたったり、池で泳いだりして過ごした。何日かすると、この滝で遊ぶ子どもたちの顔ぶれもわかってきた。小学三年生くらいのちびがK君に水をかけたりしてじゃれてきたので相手になって遊んだ。

あるとき、ふざけてちびの頭を押さえて水につけた。相手もK君の頭を押さえる。K君は水中で水を含んで、水面に出てからぴゅうっとちびの顔に吹きかけた。ちびはきゃっきゃっと喜んで、自分もマネしよう頭を水中に沈ませる。K君はすかさず頭を押さえる。ちびは驚いて水を飲んでしまったらしい。水面に出ると大声で泣き出し、近くの子どもたちが集まってきた。「こいつが水につけて溺れさせたんだ」ということになった。

「ごめんね、ごめんね」とK君はしきりに謝る。ちびも水を一口飲んだだけだったので、すぐに機嫌を直した。これで済んだ、と思った。

しかし、これで済んではいなかった。

ちびの兄らしい中学生とその仲間が三、四人、帰り道で待ち伏せしていた。問答無用でK君はこてんぱんにやられてしまった。野球帽も持っていかれた。ランニングシャツは破れ、鼻血も出ていた。アパートに帰ると、北村さんは青くなって赤チンを塗ったり、濡れ手ぬぐいで冷やしたりしてくれた。

八月末、一〇歳になったK君は洗足に帰された。この時も父は理由を言わなかった。

変な夏休みだった、とK君は思いながら婆ちゃん、爺ちゃん、弟、兄、母四人家族のもとへ、洗足へと戻った。

婆ちゃんは、事情通である。いろんなことを教えてくれた。

「養子の話」をしてくれた。

K君が父のところに預けられる数年前に、父の実家である藤野家の母方の伯父には子供がなく、〝伯父の養子に〟という話があったそうだ。

大伯父は、戦前〝視学官〟という文部省勅任官で、地方の中学を巡回して〝しかるべき教育が行われているか〟を視察するエライ役人だったらしい。当然、よい報告書を期待して学校側からさまざまな金品が送られてきて、納戸一間にはいつも、そういう品々があふれていた、ともいう。

しかし、戦後になって、彼と妻（「一回りも年下の、どこかの女子校の教師を嫁にしたんサ」）はK君の家の離れに隠れて住まったことがあった。これはK君も覚えている。

それは、いわゆる〝戦犯逃れ〟だったらしい。

養子の話が出て、父も大伯父のところなら、と心が動いたらしい。ところが、そういう話が出てから一年もたたぬうちに、大伯父夫婦に男の子ができたそうな。婆ちゃんは「そういうことは世間にはよくあるんサ。養子に入ったら、すぐに夫婦にお子ができてサ、お前は追い出されるような話にならなくてよかったんサ」と言った。

K君は複雑な気持ちだった。

確かに、父が倉田ゴム社をやめてから、家計は急速にひっ迫した。朝鮮戦争の停戦によって、〝特需〟が終わったことによる景気の落ち込みが背景にあった。父は食べていく道を考え、洋裁店だった道路側の部屋と六畳の和室を床屋の夫婦に貸した。路地側の玄関は小さな焼鳥屋に改造した。店の名前は「もみじ」だった。はやっていた洋裁店が「フタバ洋装店」だったから、急に季節が変わり、たそがれてしまった感じで、K君は面白かった。

父は半紙に筆書きの宣伝ポスターを作った。「ホーデン焼きとは何ぞや」と書いた。K君は朱墨をすって手伝った。ようするにホルモン焼き屋をやろうとしていたらしい。この店は全く客がこなかった。西小山なら流行っても、洗足という気取った町では無理だったのだろう。結局、父は自分が飲んでしまって、店はほうりだし、出ていってしまった。

生活はどん底である。母が店を引き継ぎ、手間のかかる焼き鳥をやめ、おでん、もつ煮込みのメニューで細々と続けた。父がいなくなったので、兄と近所の青年たちが飲みに来るようになった。それくらいしか入らない店だった。

K君と弟、婆ちゃんの朝ごはんはコッペパン一個に味噌をつけて食べた。

母は、深夜まで店をやっていたので、子どもたちの登校時にはまだ寝ている。昼ころまで寝てから、爺ちゃんのおかゆを作る。大工だった爺ちゃんは中風でほとんど寝たきりだった。パンは洗足パン（とっとちゃんが有名にした店）に買いに行く。ある朝、母の手元には一万円札しかなく、それでコッペパン三個を買いに行った。若い女の店員は一万円札を見て「あんたんちにはこれしかないの」と嫌味を言った。〝これしかない〟自分がくやしかった。K君は学校で、理由も言わず洗足パンの息子をブン殴った。

K君は少しずつ乱暴な子どもになっていった。

養子に行こうと、父に預けられようと、今よりひどいことはないだろう、という計算がK君にはあった。だから、〝捨てられる〟とか子犬のように〝もらわれていく〟とかいうことで落ち込む気分はあまりなかった。でも、母の買い物や店の仕込みを手伝ったり、婆ちゃんと話をして暮らす今のくらしのほうがよかった。

婆ちゃんの一言はK君の心に残った。

「『小糠一升あれば養子に出すな』って、昔から言ったんサ」

原町小学校演劇部

K君は不動前の父の住まいから帰って、少し変わった。自分では意識してはいないのだが、変な子になっていたようだ。

K君は本が好きだったので、校舎二階の東のはずれにある図書室にはよく行った。偉人伝はすべて読んだ。北里柴三郎やレセップスが特に気に入った。本を読むのに飽きると窓から出て、アスベストの雨どいを伝って地上に降りたりした。

秋になって、図工の時間のとき、遊びまわっていて絵を描かなかった。先生に叱られて、宿題になった。K君は翌朝七時に登校して、クレヨンで校庭を描くことにした。K君の気に入っている校舎の東側にある外階段の踊り場に座ってそこからの光景を描いた。図書室の方向を見て少し見えるプールも構図の中に入れた。校舎に沿って植えられているイチョウの木がまっ黄色になっていてきれいだった。校舎はアスベストタイルの明るい灰色なのでそこに朝日があたってすばらしい景色だった。生徒たちはまだ来ていないし、見慣れた学校が全く別の世界を見せていた。ちびたクレヨンで色を載せていく。仕上げは画面の上のほうに少し見える空なのだが、〝空色〟というのはK君が嫌いな色だったので、手が自然に紫色を選び、空は紫色に塗られた。黄色の銀杏の葉とよく合っている、と思った。裏にサインを入れる。職員室へ持っていって、担任の机に置いてきた。

次の図工の時間にとても褒められて、文化祭にも出品された。金賞を取った。K君は賞品の二四色のパステルがうれしかった。


遠足があった。母が弁当に〝おいなりさん〟を六つ作ってくれた。昼に四個食べて、残りは帰りに食べようと、とっておいた。帰路、目黒駅を出てから、K君は弁当の残りの〝おいなりさん〟があるのを思い出して、食べた。もうすえていてひどい臭いがした。電車の窓から吐き出し、残りの一個も窓から捨てた。

この様子を見ていた女生徒がいた。反省会の席で、K君の不行儀を名指して追及した。あの時、母の〝おいなりさん〟を大事にしすぎて結局だめにしてしまった、その悔しさが残っていたK君は「こーしゅーどーとくに反しているとおもいます」と〝いい子顔〟で言うその子をにらみつけた。教師が「K君の反省は？」とたずねても、何も言わなかった。

理科部のクラブ活動で、K君は気象班をやっていて、八時ころ登校して、校舎北側の百葉箱のデータを記録し、八時半には全校放送でその日の気温、湿度、降水量、風向、雲量など気象状況として流した。ほかに二、三人の女の子がいたが、温度計は読めても、湿度計の計算ができないので、彼らは助手であった。

ある日、K君は寝坊した。学校につくと女子がデータ表を作って、放送した。K君は寝過ごしたのだから仕方ない、とは思っていたが得意になっている女子たちが憎らしくて、放送室の前でとっ捕まえた。文句の一つも言おう、と思っただけなのだが、彼女は逃げようとし、K君が捕まえたとき、ブラウスのボタンが一、二個飛んだ。彼女の小さな胸の丘がちらっと見えた。

これで、K君は気象班をクビになった。

放送室の隣に理科室があって、ガラス棚のなかにいろいろな薬品があることをK君は知っていた。放課後、理科部の同級生を誘って、火薬を作った。木炭、硫黄、塩素酸カリウム、を適当に乳鉢に入れて擦った。全体にうまく混ざってきた。相棒が乳鉢を押さえていた。K君は何か乳鉢のふちでパチッと火花が飛んだような気がした。次の瞬間、バウッという音とともに火柱が上がった。二メーターくらいはあったろう。K君と相棒は眉毛が焦げた。

二人とも両手の甲にやけどを負った。理科室は校舎の二階中央にあったので、二階の廊下に白煙が大きな雲になってゆっくりと漂っていった。職員室は一階だったので、先生が飛んできたときにはあらかた煙は消えていたが、硝煙のにおいは漂っていた。

先生が詰問した。

「何をやったんだ」

「木炭を粉にして、墨汁の元を作ろうとしていたら発火しました」

理科部はさすがだ。うまく言い逃れた。

しかし、先生はそれを信じていないようで、二人とも放課後の理科室出入り禁止になった。K君は気象班からも理科室からも追放されて、何もすることがなくなった。通信簿には「粗暴なふるまいが目立つ」と書かれた。

それを救ったのが音楽の女先生だった。はじめは合唱部から始まり、次に演劇部に移った。K君は背が高かったので、大人の役をやるのに適していたのかもしれないし、「ちょっと変わった子」が演劇に向いている、と思ったのかもしれなかった。

練習の日は、六時間目くらいにK君の教室に使いの子がくる。担任からK君が呼ばれて、使いの子と一緒に音楽室に行く。K君、授業は放り出して、喜んで飛んでいく。

このときの台本は「村に電気が来る日」といういかにも教科書風でK君は胡散臭い気がした。(いまなら「村に原発が来る日」になるかも)

二時間くらいの練習を終えて、生徒は皆帰ってしまった教室にもどる。しくしく女の子が泣くような声を聴いた。そっと扉の外から覗くと、担任が女の生徒を膝の上に載せて、肩を抱いて何か耳元であやしているようだった。八百屋の子だ。この子ははきはきした大柄な子で、もうおっぱいもかなり大きかった。なんで泣いているのだろうか。じっと見ていると担任の右手が向こう側でゆっくりと動いていた。K君は音を立てないように、そっと歩いてそのまま帰った。

K君の日曜日は、大体二軒隣の焼け跡でクズを掘っていた。家の間取りを知らないのは当然だが、偶然に書斎の跡にあたると、そこからは銅の置物の溶けたのとか、文鎮とか、金目のものがでてきた。こういう銅（アカ）は良い値でとってくれる。一〇〇円以上になったりしたときは、K君は小躍りするくらいうれしかった。

この焼け跡に、ある日曜日、女の子たち五人が遊びに来た。環状七号線（まだ出来てはいなかったが）の外側は品川区の学区で、そちら側の小学生は赤松小学校に行っていた。全然知らない子ばかりで、K君より学年は上らしかった。

「なにしてるの」から会話が始まり、彼女たちもクズを掘ることになって、木の枝や木片を使って掘った。ふすまの取っ手がぐにゃぐにゃになったものを掘り出して「キャッ、キャッ」と喜んでいた。そのうち飽きてしまい、「あげる」と掘り出したものを全部くれた。

「馬跳びやらない」と言ってきた、場所は家一軒分の狭いところなので、いわゆる馬跳び、一人ずつが馬になり、次々に飛ぶ「馬跳び」はできないといった。しかし、彼女たちが提案したのは「長馬跳び」だった。これは男の子の遊びで、学校では一〇人対一〇人くらいの長い馬をつくって争う、結構荒っぽい遊びである。一人が校庭の木を背にして立つとその股の間に頭を突っ込んで九人が次々と連なった馬になる。攻撃側は弱そうな馬を目指して次々に飛び乗る。二人も三人もが一人の馬に乗っかる。馬が持ちこたえ少しゆすると、三段にも重なった攻撃側が横倒しになってしまって、攻撃側が負けてしまうこともある。馬が一〇人分を持ちこたえた時、双方の主将どうしがじゃんけんをして勝負を決める。そういう遊びだ。

「君が入ると六人になるから、やろうよ」と言ってきた。K君は女子とやるのはちょっと……ためらったが、やることにした。K君がルールを説明して、三人に馬の作り方と、攻撃のコツを教えた。

三対三だから馬は二人になる。ここに三人乗ってくるのだから馬は大変だなと思った。K君はじゃんけんで負けた馬のほうのチームに入り、立馬の子の股に首を入れたK君の後ろに、頭を突っ込んで女の子がもう一つの馬になる。攻撃側はK君の上に二人飛びのって、後ろに一人、K君が上の二人を振り落とそうと背中を揺らす、上の子は落とされまいと必死に、両手、両足でK君にしがみついてくる。じゃんけんで馬が負けた。馬の位置替えをしてK君は後ろになった。前の馬の女の子は何のためらいもなくお尻を突き出して脚を広げ、K君はそこへ頭を入れた。両足の太ももをしっかりつかむ。男同士でやるのより何かふわふわしていて頼りなかった。またじゃんけんで負けた。三回目はK君を敬遠して女の子の馬に三人が集中して飛び乗り、つぶした。馬組は三回連続で負けた。

負け続けの馬組の子が「つかれた。やめる」と言い出して、ゲームは終わった。激しい戦いの後、女の子たちはみな真っ赤な顔をしていて、何だかいいにおいがした。

女の子たちはハンカチで汗をぬぐい、北千束の方へ帰って行った。何か「初めての経験」に興奮して、キャッ、キャッと笑いながら、ときどき振り返った。K君は「女の子はすごいな。やりたいことはどんどんやってしまう」そう思いながら見送った。

その夜、K君は長く、大量の夢精をはなった。

演劇部は、秋の目黒区演劇祭にエントリーして、入賞した。

「また来年もやろうね」とにこにこして顧問の女先生が言う。そして演劇部は解散した。

「粗暴なふるまいの子」は少しおとなしくなったようだ。

父の死

父はその時、愛人の北村さんと長原に住んでいた。

危篤の連絡をうけて母、K君、弟の三人は徒歩でその家に向かった。納屋のようなその家のノキにはヘチマのツルが絡んでいて、しっとりした雰囲気をつくっていた。

父は八畳ひと間の真ん中に寝かされていて、大いびきをかいていた。

北村さんが母に経過を話す。

「昨日までは何もなくて、元気で、煮炊きに便利だろうからといって石油コンロを買ってきてくれて……」と嗚咽を漏らした。

母やK君が呼びかけても答えるわけもなく、皆が父の周りに座って、夜が更けていった。部屋の静けさの中に、父のいびきだけは豪快に響くばかりだった。

真夜中すぎるといびきはググッと詰まるような音になって、午前二時過ぎに「あ…はー」と深いため息をついて息が止まった。それが父の最期だった。

北村さんが「わっー」と大声で叫び、父に取りすがった。

母は身じろぎもせず、泣きもせず、父を凝視していた。

K君も泣かなかった。北村さんと母とを交互に見ていた。北村さんは長いこと父の胸に取りすがり号泣していた。部屋の隅で小さくなって座っている女の子と弟は眠そうな顔をしていて、何が起こっているのかは分かってない様子で、ぼんやりと目をさまよわせていた。

それは、K君が一二歳になる夏のことだった。


明け方の静まり返った街の中を母と二人の子どもはとぼとぼと歩いて洗足の家に帰った。K君はその朝、空気がとてもさわやかだったのを覚えている。

兄はこの臨終には立ち会えなかった。四国のさらに西のはずれにいた。この距離が、兄と父との因縁を含んだ事情であることは、K君が成人するまで知らず、この時には分からない。

父の遺骸が棺桶に入り、洗足の家に帰ったのは翌日の昼ころだった。

兄はこの時、四国、宇和島にいた。大阪までの船便と、東海道線の乗継でどんなに早くても二四時間はかかると知らせてきた。父の棺にはドライアイスが大量に詰め込まれて兄を待った。北側の六畳にある祭壇にはうっすらと冷たいガスが漂い、夏だというのに冷え冷えとした部屋になった。

葬儀の日程が先にずれたので、岡山の実家から父の実兄、婆ちゃんの実家からは弟が来た。爺ちゃんの実家からは電報の知らせに返事もなかった。婆ちゃんは冷たく「もう絶えちゃったかね」とつぶやいた。

子どもたち、K君、弟、北村さんの女の子の三人は、借りてきた猫のように居場所がなくて南の六畳にいった。南の六畳は爺ちゃんの寝床があって、脳卒中の後、ほとんど寝たきりの爺ちゃんの小便臭かったので、物干し台にいって遊んでいた。

爺ちゃんは通夜の晩、祭壇の前で一升瓶を抱えて酔いつぶれていた。婆ちゃんが「こんな時に飲んだくれて、何だいっ」と叱る声を聴いた。爺ちゃんは、回らぬ舌で「イサムが死んだ、俺も死ぬ」と涙を流しながら言った。一人娘（母）しか子どものなかった爺ちゃんにとってイサムは愛すべき婿で、時には婆ちゃんと母の〝小うるさい合唱〟に立ち向かう同志だったのかもしれない。

爺ちゃんは翌年亡くなった。

父の死に泣かなかったK君は、この時大泣きして、爺ちゃんを思った。

物干し台は爺ちゃんの日向ぼっこの場所であった。火鉢は危ないからと爺ちゃんの周りには火の気はなく、爺ちゃんがお日様に手をかざしていたのを見たことがある。その物干し台の床に、六ミリくらいの大きな錐であけた穴が一〇穴以上も並んでいた。爺ちゃんが震える手で、まだ仕事ができるという風に穴をあけ続けた跡を見たからだ。

K君のポタポタ落ちる涙は、小さな水たまりを作り、それが爺ちゃんの切った小さな穴にすっとすいこまれていった。

父は養子として母と結婚したのであるけれども、それは「家」同士が相談して決めたことではなかった。K君はずっとのちに岡山の伯父（父の二歳上の兄）を尋ねた折にこの辺のいきさつを訊いた。

「今でいう『できちゃった婚』でな。結婚した時にはお前のかあさんのおなかには君のお兄さんがいたのじゃ」

伯父はさらに続けた。

「わしらの父は薬局をやっていて十分儲かっていたが、ある時親父が、お前の爺さんにあたるがな、中耳炎にかかって、十分に手当てできず、脳に感染して亡くなった。抗生物質のない時代じゃからな。四七歳だった。勇とだいたい同じくらいの歳じゃな。後見人にわしらの祖父の熊太郎さんが財産管理人になって、薬学部に行く学資は一人分しかない。弟は薬科大にはやれん。ということで勇は東京に行った。薬科大に行く二人分の金がなかったんじゃ」

K君は伯父の話のトーンに弟を放り出した借りのようなものがあるのに気付いた。この時、K

君は少し心が和んだ覚えがある。

昭和九年、兄が生まれてから数年後に日中戦争がはじまり、父は軍人になった。玄関の前に旭日旗を立て、爺ちゃん、婆ちゃん、軍服の父、母、長男（小学生）が並ぶ写真が残っている。召集兵ではなく、職業軍人である。戦争の進行に応じて召集兵は増え、古参兵の父は伍長で「初年兵教育掛」となった。（海外への派遣はなく、一八年にはK君が生まれた。終戦と同時に帰宅して、二一年には弟が生まれた）

戦時下では、家族は東京五反田の社宅（父はゴム会社の社員でもあった）を焼け出されて、相模湖北側の藤野に疎開した。爺ちゃん婆ちゃん、兄、K君、母の五人は食料の確保に苦労した。爺ちゃんが大工の腕で仏壇、神棚、こたつなどを造ってお百姓に売り、食料を賄った。

戦争末期には父はゴム会社の軍需物資の管理になった。終戦と同時に、軍は、軍需物質をアメリカに渡さないための作戦行為として、主要なものを隠匿した。会社はオーダー済みの軍需品の請求書を書き、新政府に払わせた。兵隊たちは武装解除ののち、背負えるだけの物資を持って粛々と故郷に帰った。管理者は闇市へ軍需物資を横流しして蓄財した。父の懐もうるおった。婆ちゃんの話では「押入れの石油缶にはあふれるくらいお札が入っていた」ということだった。

K君が物心ついたときには、九中のグラウンドの西側に、平屋の家を建てて住んでいたのはそういう経緯があったかららしい。

奥浩平の遺稿集が出版されて、紳平さんの文章の中に、浩平君の疎開先が荒川沿いの秩父連山のふもとで小学二年生までいた、ということを知った。浩平君の父は恵比寿で工場を経営していたらしいのでK君の父の勤務した五反田の工場とはすぐ近くである。それぞれの子どもたちも同じような境遇にあったろう、と気づく。

K君の父と兄とは最後まで和解しなかった。母とはどうだったのだろう。父は別居していても、何かの用事で時々洗足へ帰ってきた。母と口論することはなく、静かな午後に二人は二階に上がり、布団に入った。洗足の家からは離れたい、しかし、母のさみしさも分かっていた、ということなのだろうか。

洗足の木造二階建ての家は、建てる時から道路側は母の営む「フタバ洋装店」とするように設計されていて、朝鮮戦争でアメリカや連合国の軍人・軍属が洗足に住むようになると〝ワンピースや女もののスーツ〟のオーダーで繁盛した。戦争が休戦になると彼らは帰国し、パタッと客足は遠のいた。

K君は「フタバ洋装店の裁縫場が好きだった。いつも二、三人のお姉さんがミシンを踏んでいて、活気があり、アメリカ人のお客が持ってきた〝シアーズ百貨店〟の分厚い通販カタログも置いてあった。ワンピースのデザインなどをカタログから選んでいたのだ。

K君は日本の印刷物にはない、金髪のモデルがつけた〝ブラ〟とか〝体にぴったりしたショーツ〟とかのページでドキリとしたり、ライフル銃やハンティングナイフのページを眺めては〝こういうものもこの本で買えちゃうんだ、アメリカ人は幸せだな〟と感心したりした。

父はこのころK君をサイクリングに連れて行ったりした。子供用の自転車を借りてきて、親子で多摩川園まで行った。記念写真も撮った。

このころが、父が実現した「幸せな家族」のかたちであった。

養子である父は、母との間に男の子を三人もうけ、洗足駅前に家を建て、母に生活手段の店をつくり、一仕事終え、そうして外に女を作った。兄はそのことを許さず、決定的に対決した。

父は兄の子供時代から成人するまで〝スパルタ教育〟と称して何かにつけて殴りつける〝帝国軍人〟式の育て方をした。その兄の〝正義感〟が父を許さなかった。兄が成人したころ（K君は一〇歳）、二人が組み討ちの形のまま、二階からドドドッと階段を落ちてくるさまを見たことがある。兄も身長一八〇センチ、講道館の黒帯だったから父も敵わなくなっていたのだ。

父はかつての財力を失った。外の女には女の子が一人、母には三人の子と爺ちゃん婆ちゃんがいた。二つの家庭を養う力はもうなかった。

父はある日、国電の窓ガラスを素手でぶち破り、手を引くときに腱と血管を切って、右手の手首から先は全く動かなくなっていた。そういう失意の父を母は騒ぎ立てることもなく、受け入れた。

K君は、しばらく会えなかった父と会えてうれしかったが、右手を見ると妙に色白な、硬直した指が見えた。母は「手を怪我しているから、手伝ってあげてね」と夕飯前に二人を銭湯にやった。洗足の家から東西南北、おのおの一五分くらいのところに四つ銭湯があったが、そのうちから一番遠い「長原の湯」を選んで父を案内した。この風呂屋は、今は珍しくはないが、ここだけが緑色の入浴剤を使った湯を「薬湯」と称していて、傷に効くかもしれないと思ったからだ。K君は父とこの湯に入り、父の背中を洗った。上がってからは服を着るのを手伝った。シャツのボタンを掛ける、ベルトを締める、父の役に立つのがK君はすごくうれしかった。

翌朝、父は旅人のようにまた出て行ってしまった。

K君は、父が大けがをするわけも、女のところに帰っていってしまう理由もわからなかった。子どもだったのだ。しかし、自分のさびしさと父が出ていくことの寂しさは同じなのかな、とK君は思った。

2　さまよう少年

不思議な訪問者　――消えた家族（その一）

ヒロちゃんとは小学校の時からの友だちで、彼はとてもおとなしい子だった。K君は八幡様のお祭りに一緒に行ったり、夏休みの自由研究をいっしょにやったりした。彼にはお姉さん二人と弟がいて、上の姉さんはぽちゃっとした色白の人でどこかの美大にいっていた。下の姉さんは高校生で、近くの香蘭という御嬢さん学校にいっていた。弟もおとなしい子でK君たちの後についてくるようなことはなかった。

ヒロ君の父は銀座のデパートで花屋さんをやっていた。家は目蒲線の線路脇であったが、庭にはバラの木が植わっていて広々としていた。玄関の格子戸はカラカラといい音がした。

夏休みのある日、ヒロちゃんが「二子玉川におばさんの家があって、花を栽培している」と自慢げに言った。K君は「兄貴の自転車で行こう」と誘って、二人乗りでいくことになった。自転車は今のような軽いものではなくて、重くて、黒塗りの、荷物を運ぶ自転車である。

地図は持っていない。水筒一つをハンドルにかけて、隣の町に行く気軽さで出かけた。

K君は以前に父と多摩川園までサイクリングをしたことがあったので、目蒲線に沿って行けば多摩川に突き当たり、その土手の道を上流に上っていけば二子玉川に行けるということは知っていた。大岡山を過ぎて緑ヶ丘から田園調布、多摩川園までは下りが多いので、二人は涼しい風を受けて快適だった。多摩川園から土手の道を行く。上流に向かうのだから緩いのぼりである。ヒロちゃんとこぐのを交代したが、彼は力がなくて、すぐに止まってしまう。ほとんどK君がこいだ。

二子の橋を渡ると、周りは畑ばかりになる。ヒロちゃんはおばさんの家への道は覚えていて、迷わずについた。おばさんはものすごく驚いて「自転車で来たのおー」と目を丸くした。弁当も持たずに出たので、二人ともお腹はペコペコだった。おばさんは畑からきゅうりとトマトを二個ずつもいできて、キュウリはトントントンときざんで、塩もみした。K君は横目で「おかかをかけるのかな」とみていると、瓶から白いクリームのようなものをスプーンで出して混ぜた。K君がマヨネーズというものを食べた初めてのお昼ご飯であった。K君は美味しくて、このおかずだけで、三杯おかわりした。

縁側で昼寝したり、花畑を見に行ったり、三時ころまで遊んだ。帰りにはおばさんが水筒に冷たい麦茶をいれてくれて、（この家にもアメリカ製の大きな電気冷蔵庫があった！）帰ることにした。

帰り道も来た時と同じ道で、半分は多摩川の土手の道を下る。半分は目蒲線に沿ってほとんど上り。K君は緑ヶ丘あたりで完全にばててしまって、東工大のプールの脇の坂道を、自転車を押して上った。大学の正門の前で休憩して、水筒の麦茶を半分くらい飲んだ。大岡山から洗足までゆっくりこいで、自宅の前を通りこし、ヒロ ちゃん家《ち》へついたもう日が暮れかかる時間で、ヒロちゃんの家では大騒ぎだった。

午前中に家を出たきり、昼ごはんにも帰らず、どこへ行ったのか。K君と一緒のことも、サイクリング旅行の事も、何も言っていかなかったのである。

「おばさんのところへ行ったなら、なんで電話くらいしないの」とヒロちゃんは叱られた。

「K君もなんでそれくらいの事に気がつかないのオー」「みんなで心配してたのよオー」やつぎばやの小言であった。

K君はぐったりとして口もきかない。ヒロちゃんが「ずっと、行も帰りもK君がこいでくれたんだ」と助け舟を出す。お母さんは「あらっ」とK君を見て、「大変だったのね」とようやくねぎらった。

電話をしなかったのは、K君の家には電話がないので、そういう習慣もなかったからだ。

K君は家に帰り、ぬるくなった水筒の麦茶を飲み干すと二階に上がり、翌朝まで寝てしまった。

何日かして、ヒロちゃんが「テレビが来たよ、見においで」と知らせてきた。

このころ、テレビは蕎麦屋の「さらしな」に行って、ソフトクリームを買わないと見せてもらえなかった（紙芝居とおなじ）。力道山対シャープ兄弟というような良い番組のある時は、角の薬局が出窓にテレビを外に向けて出して、洗足の住人が五〇人くらい集まり道路に立って見た。

K君は自由が丘の駅前に街頭テレビがあるのを知って、わざわざ自由が丘まで観に行ったこともある。自由が丘駅の前はもう何百人も立っていて、小さい画面を遠くからしか見られなかった。その、観るには苦労するテレビをヒロちゃんの父は買ったのである。

K君は、はじめは土曜、日曜に行き、夕飯前には帰るというパターンだったが、そのうち、だんだん、良い番組は夜にやることが分かって来て、夕飯後七時くらいに行くようになった。「ローハイド」のシリーズ、「日真名氏飛び出す」という生放送の探偵ものシリーズは見逃さなかった。「ときどきヒロちゃんのところに遊びに行く」という間隔が、「毎晩、テレビを見に行く」になった。

お盆の時など、家族が八畳の仏間に集まって、坊さんがお経を読んでいるときも、茶の間に一人膝を抱えてテレビを観ている、そういうK君だった。

時々、放送が終わって、日の丸がはためく放送終了時間までいた。ヒロちゃんのお父さんが帰ってきて、こたつに入ってビールの小瓶を一本飲んだ。K君はそういう小瓶のビールを見たことがなかったので、じっと見つめてしまった。お父さんは目線に気付いて「君も一杯やるか、しかしまだ、ちょっと早いな、はっはっは」と笑った。お父さんの家族へのお土産は必ずネーブルで、それをくし形に切ってみんなで食べる。K君も二切れもらう。六人家族の七人目になった気分でいっしょに食べる。

お母さんは気さくな人で、K君の母よりも背が高くて、パーマをかけているので、アメリカの漫画のブロンディーみたいだな、と思った。ある時は、スープのだしを取ったばかりの湯気の立つ鶏ガラをもってきて、塩を振って子どもたちのおやつにした。三人の男の子たちは両手をべとべとにしながらしゃぶりついた。こういうものはK君の家では出たことがなかった。母の店のおでんのだしは鰹節だったから。K君は今まで食べた鶏肉の中で一番うまいと思った。

K君の家は母と婆ちゃんしか女性はいなかったので、ヒロちゃんの二人の姉さんはなんだかとても興味深かった。下の姉さんは高校生で、K君たちを全く相手にしなくて、K君には口も利かなかった。

ヒロちゃん家の庭側にサンテラスを造る工事が入った時、板の間で遊んでいた二人は、「どっすん」という大きな音を聞いてさっと振り返った。すると下の姉さんが柵を乗り越えるときに柵に引っかかったらしく、スカートが手すりに絡んでお尻丸出しだった。大きなお尻がメリヤスの白いパンティーにくるまれていたのを、K君はしっかり見た。下の姉さんは「ふんっ」という感じにスカートを引き摺り下ろしていってしまった。二人は顔を見合わせて、笑った。

上の姉さんは美大生で、一度、部屋に呼んでくれた。女性の裸体クロッキーが何枚も壁に貼られていた。K君が少し赤くなっているのを見て「フフフ」と笑った。

「学校の美術部で、油絵を描いた」とK君はいう。

「ふーん」と言ったきりベッドの上に胡坐をかいてK君を見ていた。

会話は続かない。しかし、彼女が部屋に入れてくれたのは感動的だった。

ヒロちゃん家通いは一年くらい続いて、突然終わった。〝ローハイド〟も〝日真名氏〟も終わってしまったからだ。そのあと、犬を主人公にしたシリーズが始まったが、犬は自分の家の犬と遊ぶほうがよかった。テレビにも飽きた。

中学に進学するとき、ヒロちゃんは五中にいった。K君は一番近い九中になぜ行かないのか不思議だった。九中なら、歩いて五分なのに……

ヒロちゃんのお母さんと、隣の奥さんとの立ち話を聞いた。

「九中の近くのS学園って、おなかの大きな子がいるっていうじゃない。九中はちょっとねえ」

K君は中学を選ぶという考えがわからなかった。わざわざ、電車に乗っていくようなものなのか。

「おなかの大きな子」がとなりの学校にいたって関係ないのに、とK君はちょっと憤慨した。

三年たってヒロ君は私大の付属高校に入った。K君は家から一番近い小山台高校に入った。それで、ますますヒロ君との距離が広がった。K君が大学浪人したとき、なんとなく懐かしい気分でヒロ君の家の近くに行った。すると、表札はまるで違う名前で、新しい住人に聞いても、「代々木の方に引っ越したとは聞いているが、住所は知らない」とのことだった。ヒロ君からは転居のはがきも来なかった。

本当のところは、ヒロ君の家族はK君が毎晩、テレビを観にきていた時から、うっとうしく感じていたのかもしれない。確かに迷惑な話だ。大きな子供が、毎晩、テレビを観に茶の間に入ってくる……。そういう変な子どもだったのだ。悪いことしてた、かなと思う。

しかし、K君は浪人しているこの時、急に、子供時代にヒロ君の家族から受けた親切が身に染みてわかった。

ヒロ君の家は、黙って去って行ってしまった。

彼らはK君のことを、〝不思議な訪問者〟とだけ思っていただろう。

中学生のK君と友達　――消えた家族（その二）

ケンジ君という畳屋の一人息子がいた。吉村君という西小山のクリーニング屋の長男坊がいた。K君は中学に入るとすぐにこの二人と友達になった。体は三人とも一七〇センチを超えていて、中学一年生としては大きかった。友達になる一番大きなきっかけは、校庭で朝礼があった後、校舎に入る下駄箱のところで三年生ともめた。三人とも上級生を敬うなどという感覚はなくて、五人くらいを相手にして、やっつけてしまった。

三人は職員室に呼ばれて「上級生をいじめてはいけない」という小言を食らった。

奥浩平君は五中で、ここは古い、伝統ある中学。K君の行った九中は戦後の新設校。校舎は木造の急造りのもので、廊下はぎしぎしと鳴り、校庭も狭く、プールもなかった。夏には原町小学校のプールまで行った。浅くて面白くないので、東工大の有料プールに行った。そこは水泳用プールではなくて実験用の大きな水槽らしかった。深さは三メートルあって、小学生はいなかったから自由に、いろいろな遊びができた。底まで潜って耳抜きを覚えたし、底に沈みこんで水面を泳ぐ人たちを見上げたり、海に潜るのと同じような気分を味わえた。しかし、九中三人組は放課後にはあまり一緒に行動しなかったので、プールには近所の米屋の末っ子鳥井君と行った。

ケンジ君の父親はすでに亡くなっていて、母は畳職人と再婚、ケンジ君はこの義父とあわなかったらしい。彼はすねた性格だった。サークルは「社会部」に入ったがみんなは女先生がハンサムなケンジ君を引っ張ったのだ、とうわさした。運動部には入らなかった。

彼の趣味は空気銃で、二階の八畳間に半畳の古畳を二枚重ねて立てて的の紙を貼り、部屋の隅から撃つ。空気銃は中折れ式ポンプ銃で、一発撃つたびに銃身を折り、銃の先を上げ下げしてポンプで空気を圧縮してから、五・五ミリの鉛弾を装てんする方式で、何回もやると右腕がこって引き金を引く手が震えてしまう。空気銃で五・五ミリというのは大きい方だったと思う。

ある日、三人で競技会をやった。各人五発ずつ。姿勢は自由。勿論、毎日撃っているケンジ君が断トツのトップで、的に弾跡が三つしかない時があった。ケンジ君は自信を持って、金的の穴を切り出しナイフで掘ると、そこに二発の弾が重なって入っていたりした。K君は全然だめで、外側の大きい円の中に入れるのがやっとである。近眼が進行していたのだった。二年生から眼鏡をかけるようになった。それからは結構金的にあたるようになった。

ケンジ君はジェームス・ディーンのファンで中三の頃、「ジャイアンツ」がロードショウになるとすぐに観に行って、銃を背中に水平にしょって両手をかけ、例の「十字架のポーズ」を取ったりした。

髪もオールバックにして、かき上げながら上目づかいに見たり、とにかくなりきろうとしていた。色白だったので結構サマになった。K君は「理由なき反抗」のほうが映画としては良かったと思ったし、「エデンの東」は最高に感動した。ジェームス・ディーンはもちろん良かったが、エリア・カザンの監督力に感動してしまってファンになった。彼の監督した映画は見逃さないようにしていた。しかし、そういう見方を、中学生の友達はしていなかったので、全然話題になることはなかった。九中には演劇部はなかった。単に顧問をやる教師がいなかっただけのことだったろうと思うが。

ハリウッドでは、「赤狩り」が進行していてエリア・カザンも非米調査委員会で証言して〝仲間を売った〟というニュースが流れていたが、そのことにはK君は関心がなかった。映画を撮り続けているエリア・カザン、次々とアカデミー賞をとる、それだけでいいと思っていた。（このマッカーシー議員の「赤狩り」政策は、共産主義国ソ連＝スターリン主義との冷戦対決の一つの作戦

であって、何も生産的なものがない、と気づくにはあと数年の時間が必要だった）
K君の髪は剛毛でしかもカールしていたので、オールバックにはできなかった。そのかわり、ジーパンで差をつけようと大井町の輸入古着屋までいって、ぼろジーンズを買ってはいた。（このころはリーヴァイスでも擦り切れたジーンズは、本当にボロの値段だった）
ケンジ君は武蔵小山の洋品店で新品のジーパンを買って対抗したが、〝金があればいいってもんじゃない、こっちの勝ち〟と思った。
むじゃきな中学生だった。

K君の中学校の成績はよかった。担任から雑用を言いつけられるようになった。月一回のペースで「実力テスト」が行われた時、K君は職員室に試験用紙を取りに行く係りで、担任は試験には立ち会わず、職員室で仕事をしていて、時間になりテスト用紙を回収するときにだけ教室に来た。
それでもカンニングをする生徒はあまりいなかった。とにかく問題自体が多くて、フルスピードで解いて行かないと間に合わない、そんなテストだ。ひと月後に、廊下に上位二〇人の名前が張り出されるとき、K君はベストテンにいつも入って、時々はベスト三くらいまでいった。数学の教師は野球部の顧問だったが授業の枕に「トップをとる選手も大事だが、K君のようにいつも上位一〇人の中にいる中堅はもっと大事で、社会に出てもそれは同じです」と話した。K君はこういうほめられ方をされたのは初めてで、うれしかった。

ジェームス・ディーンのマネばかりしているケンジ君はいつも沈んだ顔をしていて、めったに笑わなかった。中学生には分からない屈託が潜んでいた。母の再婚で、母から裏切られたような気持ちを持っていたらしい。

彼は中学を出てすぐに自衛隊に入り三年ほど勤めて自宅に戻った。畳屋を改造して小さなクラブを始めた。ハンサムなので女性客も入って、うまくいっていたらしい。とにかくモテる男なのだ。

数年後、愛人とのセックスで上になった女に首を絞めてもらい、失神する前の快感の中で本当に窒息死してしまった。女は罪に問われなかった。

新聞でこの報道を見た時、K君はもう大学に行っていたが、「ケンジ、つまらぬ死に方をしたね」と切ない気持ちになった。自殺みたいなものだ、と思った。

中二のころ、K君にはもう一組愉快な友達ができた。

学校からの帰り道、偶然、洗足の洋品店の店先で白人の少年二人と店のおばさんとがやり取りしている場面に出っくわして、おばさんは困った顔で、通りがかりのK君に助けを求めた。少年たちはK君よりも小柄で、年下に見えたので気楽に声をかけた。

What's　the matter？（どうしたの）

と聞くと、〝下の妹のパンティーを買いに来たのだけれど、店の人は大人用を出してきたので、小さいのがほしい〟と言っている。見ると両手に婦人用の薄いパンティーと子供用のネルのブルマーとを持って困った顔をしている。それを店の人に伝えると、「子供用のパンティーはない」とのことで、結局、お母さんのお使いの用には立たなかった。彼らはちょっと困った顔をして突っ立っている。K君は「デパートに行けばあると思う」といって、洗足駅前から渋谷の東横百貨店まで行く路線バスの乗り場を教えてあげた。

それが英語で外国人と話したはじめである。K君の英語は、学校で習うよりもFEN（米軍の極東放送）で聴いた米語だったが、この日から、実用英会話が加わった。彼らはジミーと弟のロビンといった。K君は〝Ken〟と自己紹介して、自宅の位置を教えあった。

別な日にまたジミーとロビンがKの家を訪ねて来た。ジミーは片手に油じみた新聞紙の包みを持っていて、「ケン、これはどうやって食べるんだい」と包みを開いて見せた。そこには大きな「がんもどき」が入っていた。「ケン、これはハンバーグなの」と差し出す。K君は笑いそうになりながら、「似てるけれども肉じゃない、大豆でできたものだ」「日本ではこれを味の濃いスープで煮て温かいうちに食べる」というと残念そうにがんもどきを眺めてまた新聞紙にくるんだ。別れてから「焼いて醤油をかけて食べる」というのもあったなと気づいたが、追いかけて行って教えるほどの事ではなかった。彼らが食べたかどうかは知らない。たぶん、帰り道で捨てただろう。

親しくなると、家に遊びにおいで、ということになって呼ばれた。彼らの家は空襲で焼けなかった古い洋館で、彼らがカナダ人だということも分かった。父親はエンジニア、日本の企業の指導に来ているらしい。古いけれど、すごい邸宅で、一階の居間は吹き抜け、隅にはホームバーがあって、ホテルのロビーのようだった。二階も案内してくれた。一二畳くらいの洋室に米軍の払い下げベッドが五つ並んでいて、寄宿舎そのものだった。父母の部屋は開けない。「小さな暗い部屋もあるよ」と一階の食堂の先にある部屋に行くと、そこは全く使っていない茶室だった。一〇畳くらいの茶室で、前の持ち主はお客の多い人だったのがわかる。

ジミーが「この部屋は何」と聞いた。「お客をお茶でもてなす部屋」というと彼は不思議そうに見渡して、いつも真面目な顔なのだが、この時は異国文化を理解しようとする「若紳士」の様子で、とても好ましい感じであった。

付き合いも二年目ぐらいの時、彼らのママがK君に話しかけてきた。ママは一八〇センチもある大柄な人で、話し方はとても優しかった。ロビーテーブルのニスが熱湯で白く変色したのを見せて、「直せますか」と尋ねた。K君はもちろんと請け合い、細かいサンドペーパーで下作りして、ワニスをタンポンで塗った。さらに水をつけたサンドペーパーで滑らかに仕上げてあげた。K君は中学で油絵をやっていたのでこういうことは得意だった。ママは「お昼を一緒に食べていきなさい」と昼食に誘ってくれた。これが大変なものだった。

五人の子供たちとK君、ママ合計七人。メイドのゆりさんがてきぱきと配膳する。各人ワンプレートだが皿がすごく大きい。ハムの焼いたもの、ポテトサラダ、生のニンジンが半分、そこにご飯が茶碗半分程度。スープはなし。一リットルの牛乳瓶がテーブルの真ん中にデンとおいてある。それだけの簡素な昼ごはんだった。珍しい外国のものは何もなかった。でも大家族の楽しさはK君の家と同じだった。

メイドのゆりさんとも話すようになった。二〇歳くらいの働き者の娘さんだった。

「七人家族の世話は大変ですね」とねぎらうと、「そうでもないんです、洗濯は人が入れそうな大きな洗濯機をカナダから持ってきているし、冷蔵庫も日本の五倍くらい大きいから」と言う。

「三食、七人前の食事は大変じゃない」とさらに言うと、「それがね、食材はほとんど決まっていて、朝は味噌汁も焼き魚も卵焼きもないでしょう、トウモロコシのフレークとか小さい子どもにオートミール程度で、目玉焼きも出さなくていい。昼はあんなでしょう。夜も肉とかは用意するけれど、スープは缶詰めのもので、世話はないのよ」と笑った。

「そう、それじゃあ、ゆりさんが大家族を持っても安心だね」

「ハッハッハッ、それより困るのは子ども。とくにジミーとロビンだけどね、あたしがお風呂に入っていると覗きに来るの。覗きじゃなくて、戸をあけて見るの。仕方ないから風呂のふたをして頭だけ出して入らないとならないのよー」と本当に困った顔をした。

「今度お風呂の時は、僕が戸のところにいて、守ってあげるよ」

「その方が危ないわ」

「ハッハッハッ」

半年たって、ゆりさんの姿が見えなくなった。

How's Yuri ?（ゆりさんは）

Shi was married.（結婚した）

ジミーは少しさみしそうに言った。

そのあと、K君はジミーのママと陽だまりで座っているような時があった。

ママは自分の子供に聞くように、「将来、あなたは何になりたいの」と尋ねた。

K君は全く先の事は考えていなかったので、返事に困った。漠然と何か物を作る仕事をしたいなとは思っていたが、それは何、と言うほど具体的な職業を考えたことはなかった。

思いつくままに、「英語の教師かな」と答えた。

彼女は「そう」と言っただけで、それだけの会話であった。

あまりに望みのない「未来」だったので失望させたのかもしれない。

翌年、カナダ人の大家族は引っ越していった。カナダに帰ったのかもしれないし、日本の別の仕事場に移ったのかもしれない。ジミーは引っ越しのことを何も言っていなかった。

Ｋ君の目の前から、七人の家族がすべてパッと消えてしまった。屋敷にも荒れた庭にも、子どもたちの声はなくて、しん、としていた。

小山台高校演劇部　――Ｋ子さんとの出会い

高校進学を考えた時、Ｋ君は二駅先の小山台高校をためらいもなく選んだ。成績の問題はなかったが、学区上の問題があった。目黒区（自宅）と品川区（小山台高校）とでは学区が違うので入学できないことだった。道路を挟んで品川区に接していたとしても学区という別の行政的な区分が阻んだ。しかし、抜け道もあった。

Ｋ君の兄の最初の奥さんが西小山の出身で、親戚が神社の近くで金属加工の町工場をやっていた。その家に、Ｋ君だけ住民票を移し、「越境入学」するのである。

小山台高校がとくにあこがれの学校というわけではない。自転車で通学できる、つまり交通費のかからない学校を選んだということだ。学区を変えたということを知った担任は、「Ｋ君の成績なら日比谷高校も可能だが、受験してはどうか」と助言してきた。Ｋ君は家族にも相談せずに、言下に断った。都心も都心、霞が関の高校には自転車ではいけないし、それなりの服装も整えなくてはならない、そういう経済的な負担は母の重荷になるだけであったから。

合格発表の日、Ｋ君は自分の受験番号を確認して、赤電話で連絡した。家には電話がなかったので隣の薬局にかけて母を呼んでもらった。しばらく待って、母が出る。

「合格したよ」

「そう、よかったね」

それだけの会話だった。

〝中卒でどこかに働きに出てくれれば、家計の支えになるのに、高校に行くとK君はいっている〟

母の脳裏にはそういう考えもあったかもしれない。

ところが翌日、母ははればれと、「武蔵小山に行って靴を買ってあげる」と言い出した。

「今までと同じ運動靴でいいよ」K君は言ったが、「高校生はちゃんとした革靴でないとだめ」ということで買いに行った。月賦のデパートマルヰがアーケードの東側にある。そこで、K君の気に入った紳士靴のしゃれたのを買うことにした。母は一〇回払いの月賦で買ってくれた。K君は大事に履いて、底が擦り切れると、靴屋で「半バリ」をして長いこと履き続けた。母は呑み屋を閉じて、目黒の大きな割烹店に仲居として働きに出た。母も一つの展開を考えていたのだろう。

店の後は、K君の勉強部屋になった。カウンターは三つに切り分けて机や棚になった。床はジミーの家がカナダから輸入した大型家具の梱包材をもらって、一人で張りなおした。

K君は元気よく〝花の高校生活〟を始めた。

サークルは演劇部を選ぶ。一年生は五人くらい入ったが、上の学年は三年生ばかりの偏った部員構成だった。三年生はもう大学受験戦争に入っているから、部活の時間は限られる。一年生中心に一幕物を上演するのがやっと、である。部長の和久井さんは有名な大相撲の関取の息子であったが、背がひょろりと高く、痩せていて、話し方もやわらかく女っぽい雰囲気の人だった。

彼の家で新入生の歓迎会があった。和久井さんの相棒のような、ごつい三年生が会に遅れてやってきた。和久井さんは彼を玄関でむかえ、彼がジャケットにネクタイで来たのを見て、「おやおや、今日は〝東京都盛装局〟ね」と言ったのでみんな笑った。K君、三年生は大人っぽいな、と感じた。

和久井部長は一年生を歌舞伎や能の公演につれていった。

歌舞伎座では三階（一幕観）までダッシュで駆け上がり、一番前の席を取った。右端の方の席から「・とわャ」とか「・・やッ」とか掛け声がかかる。芝居のいい雰囲気だった。

能は千駄ヶ谷にある能楽堂に行った。狂言「棒しばり」を初めて見た。すごく面白かった。能は寝てしまったので覚えていない。

秋の文化祭公演の脚本は「鬼瓦」という狂言を現代語に翻訳したもので、主役（シテ）は沢井君。小柄でひょうきんな同級生。ワキはK君で、従者・太郎冠者である。準主役〝鬼瓦〟は、太目でおかめ顔の愛子さんが選ばれた。物語は、結婚を焦った殿様が、見合いの席で顔をよく見ないまま祝言をすることとなり、祝言の後、ようやくカツギを取ると、女が〝鬼瓦〟並みのシコメであったので、逃げ回る、という他愛のない一幕ものであったが、学生たちにはけっこう受けた。

文化祭プログラムはこの後、放送部が「放送劇」を舞台で上演、とあったので、K君は衣装を脱ぎ、ドーランを落とすとすぐに講堂に戻った。「放送劇」自体は興味がなかったが、一人だけ背の高い女子がいて、声の出し方もしっかりしていて、姿もいいのでK君はいっぺんで気に入ってしまった。演劇部にはいい女優がいなかったのである。

ほかのクラスの子で名前は知らなかったが、翌週その子のクラスを探し出して、演劇部に勧誘した。彼女のクラスの前の廊下で三〇分くらい話したろうか。要するに「電波に限定された放送劇は十分な表現はできない。総合的な舞台芸術の中であなたの才能は百パーセント開花するであろう」てな具合である。

数日後、彼女は部室（と言っても講堂の舞台そでにイスとテーブルがあるだけ）にやってきて、演劇部に入部した。部員登録で彼女はK子さんといい、住所が羽田ということや電話番号も分かった。

二年生の時の文化祭では「異本竹取物語」という狂言ものを上演した。かぐや姫はもちろんK子さんである。

「三階の松」（枝が三段になっている古典的な松の姿。能舞台の常設背景）のパネルは前回の狂言の時に作ってあったので、これを使うことにした。衣装は中納言（沢井君）、大納言（K君）のものは色紙の和紙で紙子を作った。こういう公演の時だけ姿を現す隠れ女子部員が手際よく縫って、いや「張り合わせて」作った。照明を当てると、紙子には見えぬほどよく映えた。

かぐや姫だけはそうもいかず、十二単は貸衣装を利用する。当時、新富町にあった松竹の舞台用貸衣装屋まで行って、長い髪のかつらと十二単を借りてきた。一公演いくらというような借り賃である。K君は風呂敷に衣装を包んで、電車に乗ると、膝の上の風呂敷包みから前の演者の残り香がほんのりと漂った。

「異本竹取物語」は「異本」とことわっているように喜劇台本で、二人の色好みの中世貴族が美人と評判の〝異星人〟かぐや姫に求婚するが、非現実的な結納を要求されて破たんする……と、これも他愛のないお話。

主人公のかぐや姫が本物の舞台衣装でこの上なく美しく仕上がったので、公演は大成功した。彼女の、切れ目で鼻筋のとおった古典的な顔立ちは、舞台用のメイクで一段と映えた。

舞台の袖で出番待ちの時、「今度の日曜日、多摩川に遊びに行かないか」と誘った。かぐや姫は気軽に「うん」と答えた。彼女になんとなく「K君の誘いを待っていた」感じがあり、K君はうれしくて、喉がカラカラになるほどだった。

多摩川園の改札口で待ち合わせて、川の方に歩いた。公演が成功してよかった話をして二人とも上機嫌だった。河川敷に降りて、二人は貸ボートに乗った。乗るとき初めてK君はK子さんの手を握った。ボートを下流に向けて流れに任まかせたまま、話をした。話題は自然と進学の話になった。

Ｋ子さんは「東京教育大学　教育学部　特殊教育学科」が志望だといった。中学の時から「知恵おくれの子ども」の教育につこうと決めていたとも話した。父親が小学校の校長をしていること、姉二人は嫁いでいること、兄は銀座で喫茶店をやっていること、など家の話もした。Ｋ君は家の事はあまり話さなかった。彼女はとっても素直に育った子なんだ、と感心した。それに比べて、Ｋ君は進学の事も、将来何になるのかも決めていなかった。それを考えられないような問題がＫ君の環境にはあったのだ。それは、その時うまくＫ子さんには伝えられず、午後の日が陰ってきたので、ボートを戻した。

「今度は田園調布で待ち合わせしないか、あそこなら、駅前にジャーマンベーカリーがあるから……」と次回の約束を取り付けようとしたが、「うーん、わからない」との返事だった。次回にはＫ君の暗雲的現実の話をしようとおもっていたのだが……。

帰宅してから、Ｋ子さんのことをいろいろ思い返した。

まっすぐに道が決まっていて、わき目も振らず、邁進している人。

そういう人にＫ君の「暗雲的環境」をうちあけたところで、恋人へと発展するだろうか。

答えはＮＯだ。

二年の各クラスでは、多摩川のデートを目撃した誰かがいたらしく「Ｋ子はＫ君とできている」という噂がながれ、Ｋ君はそれをＫ子さんからきいた。でも二人ともあまり困らなかった。実際、知られて困るようなことも起こってはなかったし……。

K君の問題は二つあった。

一つは、この時代「片親の学生は就職が難しい」という社会常識があった。特に「母子家庭ではねえ」というなんとも差別的な社会常識である。親切心で「K君もいい大学出て、学歴で勝負しないとね」という人もいた。

もう一つは、入学してから分かったことだが、「小山台高校は東工大受験の予備校」的な傾向の強い高校であるということだった。K君自身はものつくりの根本（技術論）について勉強したかったし、仕事も「作る」仕事につきたかったので大きな間違いではなかった。

ところが、東工大の受験要綱は「色盲不可」となっていて、受験じたいが門前払いであった。K君は小学校時代の身体検査でも「色神異常（赤緑色盲）」と書かれていた。しかし、生活には何の支障もなかった。高校入学時の身体検査では「色弱」記されて「色盲」ではなくなった。しかし、表現が変わっただけで、「色盲」と変わらず、同一視された。「盲」という表現が差別的である、として使わなくなっただけのことである。いずれにしても、「医学、理科、工学系ではお断り」なのだった。

この二つの問題を解決するにはどういう道があるのか、K君には相談する相手がいなかった。

「暗雲」はK君の高校生活後半に、鬱屈した影を落とした。

代数の授業はほとんど聞かなくなった。ノートを取るふりをして下を向き藤村の「桜の実の熟するとき」を読んでいた。教師は教科書に書いてある数式を黒板に写しているだけだから、聞いても意味がないと思っていた。ある日、「内職」は見つかってしまい、「教室の外に出ていろ」になってしまった。K君はさっさと机を片付けて、三階講堂の奥の階段に座って、藤村の続きを読んだ。そこには「姪を愛し、孕ませてしまった藤村自身の私的な苦悩」があった。

冬の間はラグビー部のフォワードとしての練習や、対抗試合に励んだ。小山台高校のグラウンドは砂利で、タックルする度に膝をすりむいた。シャワーもなかった。夏には井戸水をかぶり、冬、風呂屋に行くときは、裏口から入れてもらった。泥だらけのジャージーでは玄関からは入れてもらえなかったのだ。

一七歳の若い体に無理がかかった。一八〇センチ、七〇キロではフォワードとしての体重が足らないのである。つまり、栄養が不足していた。ついに、腰椎を痛めてしまった。

昭和医大の整形外科は、晒木綿を一反、腰に巻きつけ、痛み止めとヴィタミンB系の錠剤を処方した。

K君は動きが不自由になったために、いろいろな面で横着になった。

美術の時間に「校内写生」があった。〈美術の教師ってすごく楽な仕事だな。生徒を鶏みたいに校庭に放しておけばいいのだから……〉とK君は思う。

一時間、本を読み、三〇分で水彩画を仕上げた。いつもの三階の「自分の場所」で、灰色になっている漆喰壁の階段を見下ろす位置から、踊り場の縦長のガラス窓枠を黒々と描き、その窓から見える校庭を描いた。遠景に校庭の隅にある銀杏の木の緑を入れた。実際の銀杏は葉がなかったが、真夏の濃い緑色を置いた。灰色の中の強い緑色。K君は満足した。

公評があり、K君の絵が最初に取りあげられて、構図をほめられた。しかし、教師は点のような緑色にはふれなかった。〝ビュフェの手法の真似〟と見抜いていたのかもしれなかった。

腰痛はながびき、初夏の運動会には、選手としては出場できなかった。八中＝男子校時代からの伝統の、四軍騎馬戦（四チームが同時に、三つの敵騎馬を相手に争う）、棒倒し、いずれもK君の得意の種目だったが、K君は走るのも難しかった。

全校生徒が学年縦断の四チームに分かれ校庭の四隅に陣取る。この四隅に立てるシンボルキャラクターの大看板がありそれはベニヤ一六枚画面の大きなものだった。K君はこの看板の作画リーダーを任された。

大きな絵を描くのは楽しい。K君はカレンダーの裏にブールデルの彫刻「弓を引くヘラクレス」像をデッサンし、細部を極力省略して、画面一杯におさめた。自分の部屋の壁にこれを張って、作業開始までの間、毎日これを眺めてすこしずつ手直しして、完成させた。

描画の日は創作の興奮に満ちた一日になった。K君のデッサンを一六分割してメンバーに手渡し、各人に各パートを描かせた。K君は全体を見ながら部分修正していった。色は背景には使わず、白の胡粉だけにして、ヘラクレスは墨汁に群青色を混ぜた深い黒でしあげた。思ったよりいい出来だった。群青色を入れた墨汁は力強く、影の部分も少し青みがかって、鋼質な立体感のある絵になった。校舎三階の八角塔下の広間で巨大なバックグラウンドキャラクターが出来上がった。K君のチームの鉢巻の色は黄色だったので、本番では黄色い人波の背景に青黒いヘラクレスが美しい筋肉を見せて弓を引いているのであった。K君は満足して絵をみながら、ふと、映画の看板描きにでもなろうか、と思った。

K君は教育大を受験した。哲学科があり、最近まで務台理作が学長であったことくらいしか知らなかった。何となく、教師になるという近未来を考えていたのかもしれない。むしろ、K子さんと一緒の大学に入れば、もっと仲良くなれるだろう、という下心が主な理由だったかもしれない。とにかく、何になりたいのか、はっきりとした結論を持っていなかった。

K君の受験は失敗した。K子さんは合格した。

K君は反省して、受験の方針を変えた。私大は論外として、旧帝大系も外し、地方大学か、市立大学を次には選ぼう、と決めた。K子さんとはもう会えないかもしれない、と失意のままK君は大学浪人になった。

3 通過儀礼

働かざる者食うべからず

　K君は浪人生になったが、それほど気落ちはしていなかった。むしろ、灰色の高校から解放されたことを喜んでいた。洗足池の図書館に行き、池の周りを散策して、勝海舟の石碑を眺め、大岡山まで歩いて、映画を見たり、東工大界隈の古本屋をのぞいたりして、気ままな日々を過ごした。

　母が、呑み屋を閉めて、目黒の割烹料理屋の仲居になったことは、前節で書いた。

　それはK君の進学のため、というよりも、焼酎を売ったり、モツ煮込みを作ったりする商いではもう生活できない時代になっていったということである。

　母は独り言のように「働かざる者、食うべからず」とどこで覚えたのか、ソ連ふうというか、戦前風というか、そんな言葉を口癖にしていた。浪人生、高校一年の弟、親二人を養う母にとって自分を励ます言葉であった。

　兄が結婚して、初めの奥さんと二階の六畳に住んだ。婆ちゃんは「押しかけ女房なんサ」とあまり気に入ってなかった。生活は多少よくなった。時々、台所の板の間でジンギスカン鍋のパーティーもやった。K君は酒を買いに使いに出され、日本酒の四合ビンを買ってきた。

一人前にその酒を一緒に飲んだ。最低限の暮らしから一歩抜け出した気がした。

「働かざる者、食うべからず」という母の口癖は、K君の暮らし方の批判でもあった。K君は、自分の「生活」の費用は母に負担をかけまいと、バイトをすることにした。

最初の仕事は演劇部時代の友人からきた、サンドイッチマンの仕事で、案外時給が良いので応募し、採用された。銀座の古いビルの屋上のプレハブで面接があった。専務という男は真っ黒に日焼けしていて、しかも肌はピカピカしていて、スリムな体型もあってなんだか日本人離れしていた。社長という中年の女性は着物姿で、色白、ふっくら、二〇年前だったらきれいだったろうなと思わせる人だった。事務所の看板には「なんとかプロダクション」とあったが、どうもこの二人がやっているサンドイッチマン屋と思われた。

初日、垢じみたルパシカ（ロシア風衣装）を着て、銀座の「プランタン」（今のデパートとは違う）という喫茶店の宣伝に行った。昔からの「名曲喫茶」とは違って明るく、商談もできるという新しいタイプの喫茶店だった。エリアは、銀座八丁目から一丁目までを行き来する。本通りは警察の許可がないので歩かない。特に心得は教えてもらわなかったままプラカードを持って一丁目へ向かい、八丁目へ戻る。何往復しただろうか、歩いているだけなのにひどく疲れた。

翌日、K君の疲れた話を聞いて専務が教えてくれる。

一つ、歩いてはいけない。すり足で、動いているのかどうかわからない歩幅で進むこと。立っているだけで、動いていない、と思うといつの間にかワンブロック先に行っている、これが一番いい。

一つ、人が自分を見ている、と思わないこと。実際の話、見てはいないのだから。

一つ、何か演技をしようと思わないこと。誰もサンドイッチマンは見ていないし、見せるための演技は必要ないこと。看板を見てもらうのが仕事。

わかりやすい指導だった。銀座を二ヵ月間歩いた。

入梅のころ、神田のガード下のキャバレーの仕事に移った。

夕方五時に店に行く。店内に置いてあるプラカードを受け取り、マネージャーが「今日は神田駅のあたり、立ちで」とか、「店の前で二時間やったら、あとは駅の周りを流して」とかの指示がある。時々、マネージャーはいなくてサブの人が「いつもどおり」とか「適当に」とかの手抜きの指示がある。こういう気合が入っていない時は、K君はガード下の名画座に入り、二本立ての一本だけ見て、素知らぬ顔で夜の神田駅前の人混みへ戻った。二、三回やると映画も見飽きて、さぼりにも飽きた。悪いこととは全然思わなかったが、やる気自体がなくなった。七月末、梅雨が明けるころサンドイッチマンの仕事をやめた。

八月、夏休みのバイトで学生がこの後をついで、K君と同じようなさぼりをやったという話を聞いた。彼は、店からプラカードをもらうと、ガード下の看板の裏にプラカードを隠し、映画館に直行したらしい。何日目かに、怪しんだマネージャーが尾行して発覚。即クビになり、キャバレーもプロダクションとの契約を破棄したと。K君は〝学生さんは学生さん。マネージャーの気合が分かっていない。世の中、甘く見てるな〟と大人っぽく苦笑した。

K君が受験や将来的な仕事を考えるとき、常に先の二つの障害が立ちふさがり、自分が〝社会に受け入れられない〟という被害者的な気分に、いつもまとわりつかれた。浪人になって、受験勉強から解放されてもそうした重苦しさを克服していく方法は見つからない。〈爺ちゃんが生きているうちに大工の見習いにでもなった方が良かったのじゃないか〉とか、〈高卒で小さな会社にでも就職していれば、母の苦労も軽くなっただろう〉とか取り留めもない思いが湧き上がってくる。〝社会の拒絶〟という一種のルサンチマンがK君の身体の奥に溜まっていく。すべてを打ち明けて、すべてを再構成していくような方法はあるのか。それを語り合える相手がほしかった。そういうことを語り合える場がほしかった。それはやはり、大学しかなかった。

しかし、K君はK子さんには会わなかった。手紙も出さなかった。ストレートで希望校に合格した彼女が「ピカピカの一年生」をやっているときに受験に失敗した自分が会っても話が合わない、未来的な話はとてもできない。彼女は、まっしぐらに養護学校教員への道を歩みはじめたのだ。K君の悩みなんぞで邪魔するのはよくない。もしかすると、新しいボーイフレンドができているかもしれなかった。

再会までにさらに二年が必要だった。

夏になったが、遊びにも行かず、予備校に行く気はさらさらなく、勉強もせず、図書館で借りる本は小説ばかり、浪人生としては怠けた暮らしをしていた。そこへ小さな幸運が舞い込んだ。自宅から三軒駅よりにクリーニング店がある。そこの長男の子は良夫君といって、K君の一年下であった。来年受験の時期に来ていて、K君に「家庭教師をやってほしい」という依頼があった。週二回、謝礼は五千円、即座に引き受けた。翌年二月までの半年間の特訓である。

良夫君のこれまでの実力テストのペーパーを全部出させて科目ごとに分析して、英語、数学が特に悪いので、教科書の最初からやり直すことから始めた。「間違いノート」というのを作り、今までの模擬テストでバツになった問題を全部書き出させた。つまり、何がわかってないのか、をわかるためである。これは、K君が中学の時にやって、効果があった方法である。また、彼の家の仕事、「クリーニング」を英語で書かせた。思った通り、エルがアールになっていた。間違いやすいL・R単語帳を自分で作る宿題も出したりした。

夏休み中は涼しくなる四時から六時で、途中で休憩が入る。彼の姉たち（三人もいた）の一番下の娘が茶菓を二階に運んでくる。彼女は名前も言わず、K君も聞かず、半年間「どうぞ」「ありがとう」としか言わなかったが、何か緊張感のようなものがあって、かえって不自然のようにも感じた。

ふと、〝三人の娘たちを嫁がせるのも大変だな、この家も〟と思っただけである。

Ｋ君自身の受験勉強も、ありがたいことに、謝礼をもらいながら進行した。

翌年春、Ｋ君は横浜市立大を受験し、合格した。良夫君も私大を受験し、合格。良夫君のお母さんが頭を何度も下げて、謝礼をひと月分上乗せした「お祝い」をＫ君に渡した。良夫君合格の喜びが、Ｋ君にもひしひしと湧いてきた。

横市大から合格証と入学案内が送られてきた。そこには、神奈川県外の入学希望者は、一年分授業料と別に五万円の入学金が必要とあった。入学案内で見たような気もしたが、すっかり忘れていた。授業料一年分はとってあったが、五万円（今の貨幣にすると五〇万円程か）の貯金はあるはずがない。母に金の余裕がないことは分かっていた。そこで、日ごろ話もしない兄に相談した。事情を話し「五万円貸してください。お願いします」と頭を下げた。一〇歳上の兄はしばらく考えていたが、特に何か質問をすることもなく、貸してくれた。Ｋ君は〝一生恩にきる〟とはこのことだ、と感謝した。

婆ちゃんは小さなキンチャク袋をくれて、「男は外での付き合いがあるからね」といった。袋には一〇円玉、五円、一円の小銭が入っていた。どうみても二〇〇円より多くはなかった。

Ｋ君はそのキンチャク袋を長いこと鞄の隅に入れて、使うことはなかった。

自立する学生

「英会話できるメンバーさん　募集」というキャバレーSBの看板を見た。ボーイさんよりも三千円くらい給料がいい。「メンバーさん」というのがどういう仕事なのか、K君は知らなかったが、給料の良さで応募した。夜の仕事だから、昼間は学校に行かれる。そういう仕事を探して銀座をうろついていたのだ。

応募した日に、社長面接があった。面接はすべて英語ということだったが、K君は特別な専門的なことはない職種なのでタカをくくっていた。履歴書にもちょっとした嘘が書いてあって、浪人時代に六本木の外人向けレストランで一年間働いたということにしてあった。

当時六本木にはまだ米軍の基地があって、二四時間営業のハンバーガー屋とかピザハウスなどがあった。日本人がまだ、深夜まで遊んで、あるいは働いて、真夜中の食事をする習慣がない時代だった。アメリカの軍人、軍属を相手にしていたのである。

「その時、給料はいくらだった」と質問があった。K君、嘘の経歴の説明のことばかり考えていたので、つい、答えを間違えてしまった。

「サーティーン」というところを、「サーティー」といってしまった。すぐに言い直せばよいのに、社長が目を丸くして驚いているので、次の説明を思いついた。

「朝一一時から夜一一時までの一二時間、二交代勤務で、給料はよくても大学に行けないのでやめた」と。

K君は採用になった。社長はK君の嘘を見抜いていたろうが、言い逃れの説明が英語でできたので「使えるだろう」と採用したのだと、勝手に想像した。

「メンバーさん」の仕事はボーイさんとは違って、テーブルのサービスは全くない。女給さんの配置と、代金の回収が主な仕事だった。店は「明朗会計」が売り物で、一枚二五〇円のチケット一冊二〇枚つづりをテーブルに置き、まず、テーブルチャージで一枚、女給さんの指名があれば二枚、なければ一枚、飲み物や料理も一枚、何人かヘルプの女給を呼べば一人につき一枚、女給がチップにチケットをもらってもメンバーさんは現金に交換はしない、つまり、お客にチップのおねだりができないようにして「明朗会計」なのである。

K君にとって、水商売の経験ははじめてではなかった。前の年の暮れに、立教大学に入った米屋の鳥井君が「ホテ研」（ホテル研究会？）とかに入り、銀座のクラブの経営者を親に持つ、ちょっとぐれたような金持ちの連中と付き合っていた。彼らはバイトなどする必要はなく、K君のところに「クリスマス二日間」だけの「ボーイ」さんのバイトがまわってきたわけだ。電通通りのビルの三階にある店で、お客が一〇人も入れば一杯になる小さな店だった。ママは四〇過ぎの、まだ色香の残る美人だった。

夕方五時～午前零時の勤務、二日間で五千円のバイト料は悪くない。お客へのサービスといってもビールや水割りのセットをテーブルまで持っていくだけで、あとは女給さんがやった。小さな店の割には、流行っていて、忙しかった。困ったことは、夕食付という話であったが、弁当ではなく、新橋駅下のスーパーからおかずを買ってきて、小さなキッチンで炊いたこれも小さな電気釜の飯、小さな茶碗。ママが指定するものは、もやしのナムルとか、ひじきの煮つけばかり。ママのダイエット食に付き合わされたようで、二〇歳の若者の食事ではなかった。一〇時過ぎには空腹で、客の食べ残しのピーナツやするめを口に入れた。

ママさんはK君を気に入ってくれて、「年末にもまた来てね」といったが、K君は「クラブの合宿があるので……」と嘘を言って断った。

もう一つの経験は、兄がリウマチを発症して仕事ができなかったとき、兄嫁が家計の支えのために銀座のクラブで女給をやっていたことがあった。よいお客がついて、収入も伸びて、彼女も銀座の女の雰囲気をただよわせてきた。ある日、銀座でのバイトの話をすると、「K君も大変ね、今度銀座に来たら、夕飯ごちそうするわね」といった。K君はうれしくて、何日もしないうちに行った。交詢社の近くの赤電話から、彼女の商売用の小さな名刺のクラブに電話する。すぐに和服のまま店から出てきて「近くのお寿司屋さんでいい」と誘ってくれた。

〈お決まりでいい〉とK君は思っていたのに、兄嫁はカウンターに座り、「好きなものを食べなさい、遠慮しなくていいのよ」といった。耳元で「お客のつけにするからいいのよ」とも言った。K君は本当に遠慮なく、うに、アナゴ、中トロ、甘海老、と好き放題食べた。たぶん二〇貫以上を平らげた。終わりに御吸い物をいただき、兄嫁に「ご馳走様でした」ときちんと礼を言った。

寿司屋を出たところで、同僚らしい女性と出会うと、その人は、「あら、ずいぶん若い彼氏ねえ」とひやかす。

「嫌ねえ、義弟《おとうと》よ」と兄嫁は袖を振る。

K君はなんとなくうれしくなった。

しかし、後年この兄嫁は母や祖母と折り合いが悪く、K君が家を離れている間に、離縁となって、洗足の家から去っていた。

キャバレーSBでK君のついた「メンバーさん」職種は、女給さんの客席配置と、代金回収が主な仕事だったが、これに加えて、「早出」の日が輪番であり、四時に従業員入り口の階段下で女給さんの出勤を記帳する仕事があった。女給さんはすべて港の名前になっていて、ハワイさんとかシンガポールさんである。顔を見て名前を聞くと嫌な顔をされるので、一生懸命五〇人くらいの名前を覚えた。その出勤簿は「入船記録」になっていて、五時には事務方へ回されて青焼きの「本日の入船」リストとしてフロアマネージャーやメンバーさんに配布された。お客が指名した女給さんがその日に出勤しているかどうかがわかるしくみ。

ボーイさんたちは別の出勤簿らしく、素通りした。五時出勤より早く来るボーイさんが何人かいた。彼らはステージに立って、歌唱練習をしていた。ピアノの伴奏が付き、客のまだ入っていないホールはコンサート会場にも見えた。出勤の時間まで、五、六人が出勤時間まで次々に歌う。「この人はうまいな」とK君が思うような歌い手はいない。むしろ、そういう歌手志望のボーイさんに「練習の場」を与えている社長の考えに感心した。実際のところは、K君のいた一年間でバンドを背景に本番のステージに上がったボーイさんはいなかった。

そのステージは、大仕掛けで、八人くらいのバンドが乗っているゴンドラが三階の客席まで上昇して、二階三階の席でも演奏が楽しめる仕掛けである。一階には磨き上げたダンスフロアーがあり、ダンスに自信のあるお客はそこで女給と踊る。三階は「同伴席」になっていて、ほかの店の女給がお客をつれて飲みに来たり、アベックが来たりした。つまり、店の女給を呼ばない、ショウを見に来たお客のための席である。

ビルの四階は衣裳部屋や経理室になっていた。五階には、従業員の宿舎があった。主にボーイさんが住んでいた。従業員食堂は地下一階である。K君はこのビルのレイアウトに感心して、暇を見ては探索した。五階に従業員が住んでいるのも面白い。そして、設計者の遊び心がわかり、感心した、というよりも、好きになった。このビルの基本的な考えは店の看板どおり「船」なのだった。

K君はこの五階の宿舎を申し込んで一ヵ月すごした。土橋が見下ろせる部屋の二段ベッドは、まずまず快適だった。新橋駅から金沢八景までの通学時間は洗足からよりも三〇分短縮された。従業員用食堂も申し込んだ。食堂といってもスチィームで炊いた巨大なヴァットで出される飯が食べ放題、というだけでおかずはめいめい缶詰や干物を焼いたりしてまかなっていた。たくあん漬けだけは大皿に山盛りになっていて〝戦後〟っぽい空気がそこにはあった。一ヵ月間そういう暮らしをしてみて、K君は「食う、寝る」場所を従業員に保証した、〝ちょっと昔の合理性なのだな〟と思った。

メンバーさんたちは、店が暇なときにはこんな「賭け」もやった。

ある梅雨の夕方、アメリカ兵が一人玄関わきにたたずみ、誰かと待ち合わせなのか二〇分位そこにいた。メンバーさん三人は賭けをした。「あのＧＩを引けるかどうか」引けたら勝ちで五〇〇円ずつ払う、負けたらK君が二人に五〇〇円ずつ払うというもの。

K君が外に出る。横に並ぶとK君と同じ位の背丈の、年も同じくらいに見えた。心配そうな顔を向けた。

Are you waiting for someone sir？（どなたかと待ち合わせですか）

「サー」と敬語で言ったので、すこしほぐれた感じで、「いいや、夕食を取りたいのだが、どこかでポークチャップなんか食べさせるところはないかな」と早口で応えた。キャバレーＳＢは隣の中華料理店と同経営で、中華料理をキャバレーのテーブルでもとれるようになっている。

「問題ありません、この店で食べられますよ」

彼はうなずき、K君の後について店に入った。K君は中央の客席に案内し、「ポークチャップなら酢豚がお勧めです」と言ってメニューの写真を示す。じゃそれで、と簡単に決まり、飲み物はビールと思ったら「トムコリン」という注文。K君はそれがどういう飲み物か知らなかったが、バーテンが何とかするだろう、と
certainly sir.（かしこまりました）

「誰か席にホステスを呼びますか」、迷わず「いいや、食事だけでいい」とのこと。〈結構まじめだな〉とK君は思う。

口開けなのでお客は、一、二組でそれも隅のほうの席だったので、バンドはほとんど彼だけのためにハワイアンを演奏した。

背後に三〇人近い女給たちの視線をうけながら彼の食事が終わり、手を挙げてチェックという合図があった。彼は日本円を持っておらず、一〇ドル札を出した。

K君は「普通、ドルでは受け取らないのですが、マネージャーに聞いてきます」

フロアマネージャーに相談する。

「テーブルチャージ、トムコリン、酢豚でチケット三枚、七五〇円なのですが、どうしましょう」

「三ドルでいい」と彼は答えた。このころ、一ドルは三百五十円の固定レートだったから、ものすごい円高レートになる。

GIのほうは、あまりに安いのでちょっと驚いて、今度は五ドル札を出した。K君はカウンター

に行って二ドルの釣をもらい、銀の小さなプレートにくたびれた一ドル札二枚をのせてテーブルに戻ると、彼は立ち上がりながら札をK君の胸ポケットにいれて、「釣りはとっておきな」とウインクした。彼は略帽をかぶって、またしとしとと雨の降る町に出て行った。

この賭けでK君はメンバーさんたちから千円とチップ二ドルを手に入れた。ちょっと得意な気分だった。店の入り口を見ると土橋交番の前を新橋駅のほうに大股で歩いていく兵隊が見えた。

〈あのＧＩはこれからベトナムに行くのかな〉とちらっと思った。

メンバーさんの仕事の終わりは、集金係《キャッシャー》として預かったチケットの残りと現金があっていればＯＫで、経理に納金して零時より少し前には国電に乗れた。

ある土曜日、帰りがけに社交嬢の「鹿島」さんから声をかけられた。彼女は大柄で、長い髪を夜会まきにして裾を引きずるような大時代的なドレスをいつも着ていた。色白なので歳（K君にはどうみても三〇すぎに見えた）の割には若く見えた。かわいい、という感じではなく、おっとりとしていて昔からの年配のお得意がついているような社交であった。「鹿島」という源氏名がどういういきさつで付いたのか、茨城県鹿島には港があるのか、K君は知らなかった。知る必要もなかった。要するに、これまでは五〇人くらいいる社交の一人でしかなかった。

有楽町で待ち合わせて、どこかでお寿司を食べに、ということになった。

四月も終わる季節に、夜の気配はひんやりしていた。K君は〈この時間に、つまり終電がなくなる時間に待ち合わせするということはどこかで泊りということになるなあ〉とぼんやり考えながら、数寄屋橋のほうに歩いた。

待ち合わせの場所に、私服になった彼女は温かそうなニットのワンピースにトレンチコートをはおった姿で、少し息を弾ませて、来た。

「マチコとハルキみたいね」と笑いながら言う。

京橋寄りの気楽な寿司屋に入り、会津の酒で乾杯した。

「今日は昔からのお客さんが来てくれて、よかったあ」

「今日はおごるからね」

すでに火照った顔で、何度も杯を重ねて、ときどきはじっとK君の顔を見つめた。

K君はなんで急にK君を誘うことになったのだろう、といぶかしく思いながら、〝成り行きにまかせよう〟と一緒になって酔った。

「そろそろ看板ですんで」と店の親方がいうので、店を出てタクシーに乗る。もうこの時二人は手を取り合っていた。タクシーの中で抱き合い、キスをした。その時、「いこい」の味がした。K君も「いこい」を吸っていたのですぐに分かった。別に嫌な感じはなかった。

千駄ヶ谷まで行き、連れ込み宿の部屋に入って、立ったまま固く抱き合ってディープなキスをした。舌をからめ、お互いの上顎を愛撫し、舌の先で相手を焦らし、二つの舌が柔らかくぴったりと合わさって一つになると、幸せな感じが湧き上がってくるのだった。口を離すときには唾がすっと糸を引いた。K君はこういうのは初めてだったが、自分が開かれていく感じがあった。もっと先へ、K君は自分がもっと大胆に、この幸福感の先へ行きたいと願い、しかし、それはどのように……。それは分からなかった。

彼女が導いた。

彼女は冷蔵庫からビールを出して、乾杯した。

「二人のために」と鹿島さんは言った。K君は立って、彼女の後ろに回る。後ろから彼女を抱きしめる。彼女は顔を上に向けてK君を見る。K君は唇を合わせ、そのまま右手をニットのワンピースの中に差し入れる。やすやすとK君の大きな手を受け入れた。唇を離し、大きくため息をする。K君はふっくらとした彼女の乳房を下からゆっくりと持ち上げながら、乳首を柔らかく揉んだ。すぐに硬くなって、コロッとした感じになった。K君の男もかたく締まり、次の場面を待っていた。乳首を吸いたい、と思った。我慢しながら、彼女を立ち上がらせベッドへゆっくりと移った。K君のペニスが彼女の臍の下あたりにあたった。彼女は、一瞬、ぱっと目を見開き、うっとりと目を閉じた。

ベッドの中で、鹿島さんは体を開きK君を中に導いた。K君はすぐに動こうとしたが、彼女は腰を抑えて止めると、「じっとして、動かないで」と命じた。

K君のペニスの先のほうに温かくて柔らかな何かがやってきて、そっと包み込むような感じが伝わってきた。Ｋ君はそれをもっと味わいたくて、少し腰を引き、また差し入れた。その瞬間、Ｋ君の精は放たれた。何とも言いようのない快感、Ｋ君は鹿島さんにしがみつき、脈動するペニスを柔らかな何かにじっと押し付けていた。ペニスがしぼむまでそうしていた。Ｋ君は「ごめん」と謝った。失敗したような感じだった。

彼女はベッドから降りると、「すぐ元気になるから大丈夫よ、若いから」と言ってトイレに立って行った。

二回目からは、彼女はすごく敏感になった。乳首を吸っただけで、大きく「ビクッ」と痙攣した。Ｋ君が入っていくと、少し動いただけで「ビクッ」と痙攣し、彼女に言われた通りゆっくりと行き来するたびに震え、わななないた。

彼女が横に寝て下半身を鋏が開いた状態にして、Ｋ君は右足にまたがって左足を持ち上げ、深く入っていくと彼女の痙攣は二度も三度も起こり全身ががくがくと震えた。そのたびにＫ君は動きを止めて彼女を上から見た。Ｋ君は喜びを共有している一体感と幸福感を感じた。何度も、いろいろな体位を教わりながらそういう熱い交歓が朝まで続いた。

疲れ果てて、眠りにつく前に鹿島さんは「本当に初めてなの」と、いぶかしげに、そして満足げに言った。

この夜の後、毎週土曜日に会うようになった。そのたびに違う体位でむつみあい、飽きることもなく、そのたびに朝までつながった。

お盆休みの後、実家に帰ってきた鹿島さんがお土産をくれた。家に帰って箱を開けると朱塗りの杯が入っていて、口上書きには「会津塗」と書いてあった。そのきれいな艶のある朱塗りの杯をじっと見て、鹿島さんの気持ちを思った。そこへ、二階から兄嫁がおりてきて、K君の手元を見ると、「誰からもらったの」と聞く。

「店の社交から……」

「あまり深入りしないほうがいいよ」と一言いって出かけた。

杯は意味が深い。兄嫁が言う通りかもしれない、とK君は少しうろたえって〈これは使えないな〉と思った。

秋になって、鹿島さんは二人の時にK君のことを「旦那様」と呼ぶようになった。彼女が「結婚」という近未来イメージを抱いているのがはっきりしてきた。K君はまったくそういう考えはなかった。そういう次元でつきあっていたのか、と気づいたとき兄嫁の一言の意味がわかった。

しかし、特に別れ話ということもなく、突然、彼女とは会えなくなった。彼女は会社の寮で暮らしていて、そこには一〇人ほどの若い子が入っているらしかった。寮母というのか、舎監というのか、若い子がやくざな男に引っかからないよう目を光らせる役で、前任者が里へ帰ったために一番年上の鹿島さんがやることになったという。

「もう夜遊びも、外泊もできなくなったの。若い子を監督する役になって……」

K君は彼女に「筆おろし」してもらったことはうれしかった。女の身体のことを教えてもらった。女性の繊細さというものも少し分かった。しかし、朱杯のプレゼントで結婚を暗示してきたり、「旦那様」と呼ばれたりするのはまっぴらだった。

こういう浮いた話はなぜか社交の世界ではすぐに知れ渡ってしまうらしく、今度は、シンガポールさんという女給が近づいてきた。彼女は二〇代で、唇が厚く、目もぱっちりとおおきかった。つまり、かなりセクシーな女。初めは入船の時に「こんばんは、よろしくね」と声をかける程度だった。彼女はお客にねだるのが上手で、フリのお客の席に彼女をふると、必ず「特製かつサンド」をメンバーさんにと回してくれるのだった。二五〇円のサンドイッチがまずいわけはない。パンととんかつとが同じくらいの厚さで八寸の折にきちんとおさまっていた。

女給とメンバーさんとは商品と売り子の関係で、色恋沙汰はご法度、それはどこの店でも同じ、水商売の掟である。しかし、二〇歳そこそこの学生さんは大変な興味の対象なのだ。K君は、時々逆のシチュエーションを思った。男だけの世界があって、そこに二〇歳の女子大生が混じったら、たぶん、同じように興味の対象になっただろうと。

シンガポール嬢は全く進展しないK君との溝を埋めたいと思っていたらしい。ある日、閉店後の四階、衣裳部屋のわきの暗い通路でバッタリ、彼女と鉢合わせした。店に出るときのパーティードレスは自前ではなく、店の衣裳部から借りたものなので、閉店後に、彼女たちは私服に着替え、ビールのシミや、胸のあたりのほころび（彼女たちは色んな物を胸の谷間に入れる）を申告して返す。衣装係のおばちゃんがしみ抜きをしたり、繕いをしたりして、メンテナンスしている。シンガポール嬢はまだ私服に着替えてもおらず、白のドレス、ペチコートたっぷりのかわいいドレスのまま、通路で大手を広げて通せんぼした。

「キスしてッ」と大声でいう。

K君はとまどい、わきを通り抜けようとすると、今度は通路の壁に足を挙げて、通せんぼ。「キスしないなら、通さない」とごねた。

どうあしらったらいいのか、そうとう酔っている。目が座っている。K君の前にも後ろにも私服に着替えた女たちが何人も集まっていて、衆人環視でこの場をあしらわなくてはならない。K君は子供にするように、ほっぺたに、音を立てて、「チュッ」とした。抱きつくように倒れこんでくる。さっとすり抜けて通った。後ろにいた女たちが彼女を支えてあげたようだ。

衣装係の窓口を通ると、受付のおばちゃんが「あの子には悪いヒモがついているから気をつけな」と小声で教えてくれた。

数日後、シンガポール嬢はクビになった。K君との騒ぎが原因ではない。彼女は貸衣装のペティコートと別に自分用のものを一枚重ねていて、それには秘密のチップ入れのポケットがついていたらしい。これがばれた。たぶん誰かのチクリだろう。チップを独り占めすれば、ねたまれるに決まっている。店は「チップ禁止」「明朗会計」で売っているのだから、こういう反則は即クビなのだった。

「ひも付きの色女」との関係は始まらないうちに、あっけなく終わった。

鹿島さんとの肉体的な交際はK君を成長させた。一五歳くらいから取りつかれていた「童貞コンプレックス」を彼女が解消してくれた。早熟な連中が「ナンパ」の自慢話をしているとき、K君は話についていけない「未熟さ」のようなもの、世の中にK君が経験したことのないなにか良いことがあって、それを知らないこと。そうした劣等感から解放された。それまでは、漠然とした欠落感であった気分が、はっきりとした形をとって、K君のこだわりの部屋から去った。今まで息苦しかったものが外されて自由に、大きく呼吸ができるような解放感に満たされた。実際の行為自体はつまらないことであったにせよ、新しい幸福感がK君を満たした。

奥君があこがれた、抽象的で、決して満たされることのない「暗い欲望」から、K君は二〇歳の春に脱出した。

4　活動家がうまれる

大学に戻ったK君

六四年春、K君は仕事を辞めて、大学に戻った。一年間働いてためた金を資金に大学生らしい暮らしを求めて毎日、金沢八景へと通い始めた。

このころ、奥浩平は二つの悩みの中で苦闘していた。

「今日N（中原素子）に会った。……中略……ぼくは彼女がぼくによりそってきたありさまを思い浮かべてそのたびにぞっとした。こわいのだ。真実こわいのだ」

「ぼくは彼女と話しながら、別の女の子のことを考え始める。Kだ。……中略……ぼくの偶像、北村栄子」

「ああ、ぼくのザビーネ（重原時子）ぼくは君に恋をしたよ……中略……北村栄子よ、中原素子よ、わがクレティン病者よ、どこかへ消えてしまえ。ぼくは君を抱きたい」

（『青春の墓標』六四年一月から二月の日記）

三人の女性に同時に「恋心」を抱く若者がここにいる。

同じころ彼は二つの論文を書いている。
①「決別の歌—マルクス主義的自己形成の出発点」
②「『経済学=哲学草稿』への私たちの接近」
①は未発表原稿、②は市大同人誌『創造』に掲載された。

「決別」は「村岡健」への思想的決別を意味しているらしいが、村岡君との交流を記したノートは破棄されているので内容はわからない。しかし、文末に次のような記述があり鮮明に「出発点」を示している。

「ブントの残党=安倍が率いる—集団……中略……彼らの犯罪性は〝デカダンスの味〟とやらを教え込もうと、高校生たちを食い物にしているところにある。これが〝安保闘争で人生が狂った〟連中の青高的風景なのである」

「経=哲草稿」論文は四章にまとめられたもので、次のような構成である。

1. 研究の諸段階
2. 位置づけの視角
3. 人間不在の哲学—スターリン主義
4. 草稿における疎外論

このころの奥君の問題意識は「疎外された労働」「現代の人間疎外」などにあらわされていた。

一方K君ははっきりとした理論的裏付けをもたないまま「賃労働ではない、自分の仕事」、つまり「疎外されない労働」について考えていた。

演劇部に入った。演劇表現のもっている、独特の雰囲気が好きだった。部員のそれぞれが役者であろうと、大道具、照明であろうと自己意識の強い人たちの集まりが刺激的だったのである。K子さんに手紙を書く。二年ぶりくらい。学生らしい生活にもどって演劇部に入ったこと、楽しくやっていると近況報告した。

K子さんから返事が来て、教育大の新入生歓迎会で「放送劇」をやるから見に来ませんかという内容だった。K君はめかしこんで出かける。グレーのタートルセーターにフラノのズボン、上着は一張羅の紺のコーデュロイジャケット。「演劇青年」を気取ったのである。

地下鉄茗荷谷から教育大へ向かう。〝二年前の受験以来だな〟とふと思い出す。しかし、今は金沢八景駅から市大へ歩くときに、六浦湾からふく潮っぽい風のほうが好きだった。

講堂で放送劇を見たあと、楽屋を訪れる。五、六人の男たちの中に、二、三人の女学生がいて、その中で目だって背の高い子がK子さんだった。男たちは背景のようにくすんでいて、K子さんだけが輝いて見えた。

放送劇のいくつかの場面を褒めたあと、K君がいう。

「歌舞伎なんかだとさ、見得を切って、クライマックスをたっぷり味わう仕掛けになってるけど、放送劇は間とか効果音とか音楽だけで表現しないといけないから、難しいよね。『ジャーンッ』とか音入れたりして……」

「ハッハッハッ」

K子さんは男みたいに大口を開けて笑った。K君は〝こういう子が好きだな、あけっぴろげで、自由で〟と思った。

「よく来てくれたわね」と嬉しそうに周りの男たちに、「小山台の同級生のK君。今は、横浜市大で演劇やってるんですって」と紹介する。K君は軽く頭を下げて男たちを見渡した。真面目そうで、もっさりした男ばかりで〝さえない〟と思った。K子さんは、「模擬店でビールとか売ってるのよ」と屋外の模擬店に誘う。

K君は、これはいつか見た光景だなあ、と感じて小山台高校でK子さんを演劇部に勧誘したときのことを話した。あれからもう五年もたったんだ、と二人は顔を見合わせた。

その日はそれだけだった。放研のうち上げがある、というK子さんとは別れた。

夏休みが近づいたころ、K子さんから電話が入った。「相談したいことがある」とちょっと深刻なトーンの声で、自由が丘の喫茶店で会うことになった。K君は何だかわからないが、ちょっと相談相手になることがいい気分ではあった。

K子さんの相談というのは、教育実習のことだった。数枚のプリントを手渡して、読んでみて、という。K君は一度流し読みをして、意味が分からず、二度読んだ。まだ、何について書かれたものなのかはわからなかった。三度読んだ。やはり全然何のことかわからない、ひどい文章だった。著者名も記してあったが何者なのかは知らない。プリントを渡されてから三〇分、二人は無言でいた。K子さんが言う。

「これを授業で使いなさい、という指導があって、全然とらえどころがない文章なので、もう、どうしていいかわからなくて……」と泣きそうになりながら説明した。

K君はちょっと考えてから、

「これで何を教えろっていう指導？」

「特にない。教材にプリントを渡されただけ」

「ということはこれでどういう風に授業を進めるかは自由なんだ」

「そう」

「それなら気に病む必要はないじゃない」

「えっ」

「だって、教壇に立った先生は何を教えるかは勝手なんでしょ。教材は単なる素材で、論語の解釈をするわけでもないのだから……」

「だけど」

「とにかく、この文章が何を言おうとしているかにはこだわらない。誰が読んでもこれは難解な悪文ですよ。論理矛盾のあるところを探して、悪文の特徴を教えてもいいし、平易に書き換える作文作法みたいなもの独演してしまってもいいんですよ」

K子さんは少しイメージができてきた様子で考えている。

「君が主役なんだから、うっとうしい教材なんか全然使わなくたっていいんだからね」と励ます。

K子さんがいつもの笑顔をみせる。

K君もK子さんをじっと見る。自信に満ちたまなざしで。


後日、授業はうまくいった、と連絡があって今度「夕食をおごる」というおさそいをうけた。K子さんは奥沢で家庭教師のバイトをしていたので、田園調布のジャーマンベーカリーで会うことになった。ボリュームのあるスクランブルエッグや、ソーセージの盛り合わせでビールを飲んだ。まだ八時ころなので酔い覚ましに田園調布の坂を上がって公園のほうに向かった。K子さんは少し酔って、自然にK君の腕につかまって歩いた。登り坂が急に終わり、谷に公園があった。

池を見下ろすあずま屋で初めてキスをした。K子さんのほおは熱くほてっていて、唇はふっくらとしていた。何度もほおを寄せ、何度も口づけした。ぴったりと抱き合った二人は、いつまでも離れがたかった。

選択

Ｋ君は横浜市大に入学したとき、入学式には出なかったが演劇研究部の部室には行った。そこは殺伐とした一〇畳くらいの部屋で、北と西にガラス窓のある角部屋だった。先輩たちは気軽な人たちで気が合いそうだったので入部した。このサークル棟の向かいの部屋は新聞会で、民青（日本共産党の学生青年組織）の牙城だったが、劇研には民青はいなかった。Ｋ君が一番驚いたのはこの劇研のロッカーはほとんどカラで、ひとつの棚にリプトン紅茶のティーバッグの箱と角砂糖、電気ポットがあるだけであった。もう一つ本棚があったが、これまで上演した、あるいは上演候補にあがった戯曲や台本は一冊もなく、公演のポスター、写真集もない。照明器具も小道具も何もないのであった。簡単な大工道具だけで、それ以外は全く何もないのである。「歴史」も含めて。

Ｋ君は大学演劇に憧れを持っていたが、がっかりした。ただひとつ、過去の公演で使った大きなソファが窓際においてあった。それはソファのカタチをしているものの、藁か何かで形を整えたもので、すわり心地はベンチのような具合だった。それだけが公演後に捨てられずに使われているらしかった。

不思議な先輩がいた。昼休みに部室によると、彼はソファに座って鞄から焼酎の二合瓶を出し、大根を一本左手に持ってひとかじりしては焼酎を飲み、それが彼の昼飯のようだった。一瞬、K君は驚いたが、部屋に入ってくる他の先輩たちは特に気にすることもなく平然としていて、彼を受け入れているようだった。K君が「彼は何者?」と先輩に尋ねると、「阿藤さんは八年生、ブレヒトの演劇論はうるさい人」と答えが返ってきた。

カリッと音を立てて大根をかじり、焼酎の瓶を傾ける人は、殺伐とした部室で唯一人間的な存在感を発していた。彼がいることで、そこの空気は〝自由〟の香気を持っていた。

K君は一年間は先輩たちが決めた台本の公演を手伝う、という感じで参加していた。演劇論はあまり活発ではなかったし、東京の劇場に演劇を見に行くというような習慣もなかった。主張のない、凡庸な一幕ものの脚本はK君を鬱屈させた。〝何かまともな演劇をやりたい〟そういうエネルギーがマグマのようにK君に溜まっていった。

そういう気分が五大学合同演劇に結実していった。K君は活動家として学内の闘争や、横須賀のデモに参加しながら、演劇で〝まともなもの〟の実現に向かっていった。

もともとは神奈川大学演劇連盟の役割は、演劇界の動向を話し合うサロンであり、公演のための道具類を貸し借りする連絡会議であった。ところが参加している五大学＝横浜市大、横浜国大、神奈川大、関東学院大、相模女子大のいずれもが部員数が一〇人程度で(横国大だけは二〇人以上いたが)いずれにしても一幕ものを演ずる程度の力しかなかった。どの劇研にも、まともな脚本をやりたいという気分があふれていた。

六五年暮れころに「五大学合同演劇」への企画が実行段階に入り、翌年の春には神大近くの民宿で合宿し、三〇人ほどの合同演劇公演の脚本選定の会議で決めることになった。

各大学の提案脚本は次のようであった。

神大劇研　三島由紀夫「卒塔婆小町」

市大劇研　イプセン「民衆の敵」

横国大劇研　宮本研「明治の柩」

関東学院大劇研と相模女子大劇研の提案脚本は、第一次投票で外された。

二回目の投票で三島由紀夫が外れ、上位二本の決選投票の前に台本の素読をやって脚本の内容を粗々理解し、翌日、決選投票ということになった。

イプセン「民衆の敵」は飲料用水源の汚染という公害問題を扱っていて、告発者が村共同体から「民衆の敵」として排斥されるという一種の社会劇である。宮本研「明治の柩」は渡良瀬川鉱毒問題を真正面からあつかった脚本で、田中正造の明治政府との闘いを中心軸に、明治の社会思潮全体を俯瞰するというスケールのもので歴史劇といっても良いものであった。

市大劇研は自分たちの提案作品・イプセンでいこうと投票のシバリをかけた。しかし、K君はこれを無視して「明治の柩」に投じた。結果、数票の差で「明治の柩」が当選した。K君はこれほどの僅少差になると思っていなかった、横国大の左翼党派性のはっきりした振る舞いにたいして中間層の私大系劇研の票がイプセンに流れたのか、とK君は分析した。「裏切り」は正しかったと考えた。山野君もシバリを無視して「明治の柩」に投票したことが後でわかった。二人は市大劇研の会議で告白し、皆に謝った。

「なんで自由投票にしなかったのか」という批判が出た。K君にはそれが〝自分だって「明治の柩」に入れたかったのに〟と聞こえた。

しかし、部長K君の信任を問うような問題にはならなかった。結果には皆満足したようだった。この話を聞いた神大の部長横田君は「市大民族主義」と名付けて笑った。彼は実行段階で舞台監督をやって演出のK君を支えてくれた。

K君は、イプセンと宮本研で現代性に差があり、イプセンのストーリーは寓話的であり、宮本研は現代に通じる「村ナショナリズム」と近代化に突き進む明治国家との葛藤をみごとに描ききっていると感じたからだ。山野君は、素読の段階で役をあてられた主役「畑中正造」というヒーローの役がやりたい、と思ったようだ。この顔ぶれのなかでこの役をやるのは自分しかいないという自負もあって「裏切り」に走ったのだろう。

この合宿で、K君は暫定的な制作監督になり、次回の合宿までに演出、キャスティングの概要(たたき台)を用意して発表することになった。K君はにわかに明治中期の政治状況、社会思想の潮流について講義しなくてはならなくなった。登場人物は田中正造、木下尚江、幸徳秋水、など時代を代表する歴史上の人物である。劇の参加者全員に、劇の構成、当時の社会状況、中心的なテーマである足尾銅山鉱毒問題の理解、もっとも大切な「今、足尾鉱毒問題を演劇的に表現すること」の意義などについて理解し、共感してもらうことが成功の鍵だった。

第二回合宿で、K君は大きなポスターの裏に登場人物の位置関係、当時の社会状況、歴史上の事件年表などを略図に書いてわかりやすく説明した。

この劇のクライマックス＝畑中（田中）と豪徳（幸徳）との思想的な激突と豪徳が天皇上奏文を書くという和解の場面の説明をするときK君はほとんどアジテーターであった。

相模女子大の一年生や、関東学院のナンパな部員たちに、根本的なところが伝わったか、百パーセント理解されたとは思わなかったが、彼女たちが頬を紅潮させて聞き入っているのを見て、劇の中心を受け止めた、という実感があった。

この絵解き＝演出方針は全員に受け止められて、正式にK君が演出を受け持つことになった。

こののち、キャスティングの発表をした。

畑中正造（主役）	横市	山野君	体が大きく、バリトンの声が政治家らしい
彼の妻	同	青山さん	低い声が終幕のモノログにぴったり
豪徳秋水（準主役）	横国	村井君	甲高い、よく通る声、活動家だから当然
大下尚江（キリスト者）	関東学院	大友君	色白、小太り、コールマンひげが似合う
悩む青年	横市	柳沢君	真面目な性格が役にぴったりの二枚目

その恋人　　　相模女子大劇研におまかせ　よくわからないのでよろしく
右翼壮士　　　横市　　山川君　　創価学会員、信念の人が壮士役に合う

主要な役はどうしても人物をよく知る市大劇研に偏っていることがわかるが、他大学から不満は出なかった。端役は各劇研にふって、全体として出演者は公平な感じになった。スタッフは、基本的に希望者に割り当てられて、制作物の進行管理は舞台監督＝神大の横田君が統括した。最大の問題は、来年春の公演まで息切れせずにやりとおせるかどうか、であった。


六七年春、合同公演は成功した。

青少年センター（客席八〇〇）が取れなかったため、その向かいにある教職員会館（客席四〇〇）の土日を借りて、マチネーを入れて四回の公演を行った。

各大学劇研にはノルマを課して各四〇〇枚のチケット売り切りとし、一六〇〇人分のチケットを完売した。

打ち上げの宴は横国大の校内で行い、大道具はすべて燃やした。巨大なキャンプファイアーのような火柱は成功を祝う火柱であったが、同時にそれは、六七年から始まる激動の時代の幕開けの火柱であった。（もちろん、それは後で気づいたのであるけれども……）

K君は合同公演の成功には満足した。むしろ得意ですらあった。しかしその気分を共感する演劇仲間はいなかった。打ち上げはやったが、合評会はやらなかった。一年がかりで仕上げたにもかかわらず、けなす劇評もまして称賛する観客もいなかった。次の演劇活動にどうつなげていくのか、という問題意識で語る場もなかった。ひと月くらいのうちに、学生演劇、アマチュア演劇は作り出す喜びはあっても、創造的な活動としては世間の埒外なのであることに気付いた。横国大の校庭で焼いた大道具と同じように、一年間のK君の集中した活動エネルギーもすべて灰になった。自分にとっての演劇の未来は何も浮かばなかった。

舞台表現としての演劇は一夜の夢、一夜の楽しみであって、いかに「異化作用」を観客に与えたとしても、K君にはまだるこしいものになってしまった。ベトナムでは米軍や傀儡政権と戦う共産主義者たちがいた。この悲惨な現実を解決する道は何なのか。かつて、問題児であったK君を支えた一種のイリュージョンとしての演劇活動はその力を失った。

今、この瞬間に進行している理不尽、不合理の状況はどこで打ち破れるのか。死んでしまった奥浩平の投げかけた本質的な問題はK君をとらえて離さなかった。

K君の選択肢は多くなかった。もう一年留年して卒業単位を満たし、就職して社会人として活動家になる道。あるいは希望は見えないが演劇の道を選ぶ道。そして、これらのすべてを根底から揺るがす国家権力との確執、革命的共産主義の運動に進む道。K君は三つ目の、いちばん難しい道を選択し、革共同全国委員会の加盟書に署名した。
奥浩平が見なかったもの、闘いきれなかった部分を自分が受け継ごうという自負もあった。この選択は、未知の、しかし自由な私というものを発展させるそうした道筋に思えたからである。

活動家「K」

六七年初夏の第二次砂川基地拡張反対闘争で、デモ隊は機動隊の暴力的な規制で、道から外れ、麦畑の中に押しやられた。多くのデモ隊の学生が逮捕された。K君もそのなかにいた。初逮捕である。

【米軍立川基地拡張計画に反対した砂川闘争は一九五五年に始まり、五七年にデモ隊が基地内に立ち入ったとして七人が起訴された。一審東京地裁は、米軍駐留は憲法九条に違反するとして無罪を言い渡した（伊達判決）が、最高裁はこれを破棄、逆転有罪が確定した。元被告・遺族は、当時の最高裁長官が米国側に裁判の見通しを示唆したことを記した米公文書を根拠に、二〇一四年に再審を請求し、今も闘いが続いている。当時の学生たちは八〇歳を超えた】

K君は「この爆撃機をベトナムに送るな」というベトナム戦争と日本の立場を端的に表現したスローガンをほかに知らない。初めて立川警察の留置場で朝を迎え、学校の足洗い場のような長い流しでほかの留置者と一緒に顔を洗っていると市大の活動家が隣に来て、流しのふちをバンとたたいて合図した。何人もパクられたのだな、とだけ思った。

罪となるようなことは何もなく、黙秘をしたところで学生証を持っているのでどうしようもない。二泊三日でパイになった。公安警察は、「未来の活動家」のリストを作り釈放した。

大学に戻り、「砂川基地の拡張は日本のベトナム戦争への参戦」という主張を学生会館の前の大看板に書き、砂川闘争とは何であり、米国のベトナム侵略の拡大が日本で、砂川で、始まっているのだ、という切迫したアジテーションを繰り返した。

ここに民青が大挙して押しかけてきた。K君は三〇人くらいの民青に取り囲まれた。彼らは、「お前たちのやっていることは反戦運動ではない。農民が丹精した麦畑を踏みあらした。農民に迷惑をかけるようなものは許されない」という迷惑論で、全員が口をそろえて合唱した。「デモは交通渋滞をおこし、交通妨害である。社会的な迷惑である」という警察の公報車の文句と全く同じだった。民青は最初のうちはK君の胸を小突いたりして挑発し、反撃すれば三〇人で袋叩きという気配だった。K君は周りを見渡してもなぜか仲間は一人もいなくて、自分だけで対決しなくてはならなかった。

奇妙なことは彼らに「砂川基地の拡張に反対しないのか、機動隊がデモに襲い掛かってけが人も出ていることをどう思ってるのだ」と問いかけても誰一人この問いには反応しないのである。「麦畑を荒らした。農民に敵対している」とだけしか言わない。彼らはK君たちの運動が自分たちの組織メンバーに影響を与えることを予感して、組織防衛のためにこういう「デモ」をやっているのだな……とわかった。民青は砂川基地拡張↓日本のベトナム戦争参戦という大きな流れに組織内の学生たちが巻き込まれ、それぞれが反対闘争のあり方を考え始めること自体を封じようとしている。事実、民青の周辺にいたシンパ層がK君らの運動を理解し始めて、日比谷のデモにも行くようになって、学内は政治的な流動化が始まっていたのである。

学館前には「何事か」と学生たちが集まってくる。民青がK君を取り囲む、その外側に一回り大きな円ができてくる。同心円の中心にK君がいた。

衆人環視のもとで民青はK君に手を出せない。K君の発声が変わった。目の前の民青のリーダーを相手にせず、彼らの外側にいる学生たちに向かって訴える。

「砂川基地拡張反対闘争こそ、もっとも緊急なたたかいであり、アメリカ帝国主義の侵略と戦うベトナム人民に連帯する道なのだ」

民青の諸君たちはK君を取り囲み「吊るし上げ状態」の攻撃をかけたものの、彼らの外周を学生たちがぐるりと取り囲み〝逆包囲〟されてしまった。学館前はK君の独壇場である。K君の訴えに、「そうだッ」とか声が飛び始める。民青の諸君はすごすごと散っていった。

この日は、K君は初めて手ごたえのあるアジテーションをやった記念すべき日になった。

民青のK君たちへの攻撃はこれで済むはずもなかった。数日後の夕方、高揚したK君たち数人は学内集会を訴えるポスターを学内のいたるところに張りめぐらした。学館の二階に戻って、一息ついたところに一〇人ほどの民青がやってきた。「ポスターを全部はがせ」という要求だった。初めのうちは「ポスター貼り出し禁止の場所に貼るのはルール違反」という民青自治会らしい要求であったが、K君たちは「緊急事態での例外は認められる」「今日の緊急事態とは何か……」という論法で反撃し、政治的な議論に引き込もうとするが、政治的な討論には彼らは乗ってこない。「ルール違反」と口々に言っているだけである。

K君たちは日共のロボット化した学生たちに圧倒的な精神的優位感を持っていた。「なぜ日共は体制内化したか」という根本的な批判もつきつける。彼らは何も反論できない。

後ろのほうにいた日共党員のリーダーが「ラーメンは五つにしてくれ」と伝令を出した。K君たちは〈日共地区委員会に出動要請した〉と悟った。たぶんターゲットは　五人という暗号だろう。学内民青はK君たちに顔が知られている。だから暴力的な攻撃は学外の地区民青や日共地区委員会から腕っ節の強い連中が来て実行するのである。

K君たちは早々に、取り囲んでいた民青をかき分けて撤収した。翌日、宣伝ポスターはすべてはがされて、立て看板は壊されていた。

K君たちの学内での活動家生活は、社会科学系の研究室の一室をアジトにして会議をしビラや看板の原稿を書き、カッティング（謄写版印刷の筆耕）、階段下の片隅で一千枚のビラを印刷し、翌朝八時には正門前で配布する。一時限目の一年生中心の教室に入り、最低五分から一〇分のアジ演説をやり、教師が協力的に時間をくれた場合は、クラス討論に持っていく。「授業妨害だ」という右翼的な、あるいは日共＝民青の野次などはほとんどなかった。討論の中で良い発言をした学生には、授業後に一歩すすんだオルグをかける。横須賀闘争（原子力潜水艦寄港反対）の翌日には桜木町駅前でカンパ活動を行う。これはたびたびやったが、そのころ横浜港には造船所があったので、現場労働者からのカンパは非常に好意的であった。この資金が、大看板や一千枚のビラ、東京での集会・デモへの電車賃になった。それは、活動資金づくりの基本的な活動として行われた。資金づくりにおいて重要であったばかりでなく、自分たちの運動が社会的な支援によって成り立っている実感と、うねり拡大する運動への自信を与えてくれた。

第Ⅱ部
レクイエムが流れて

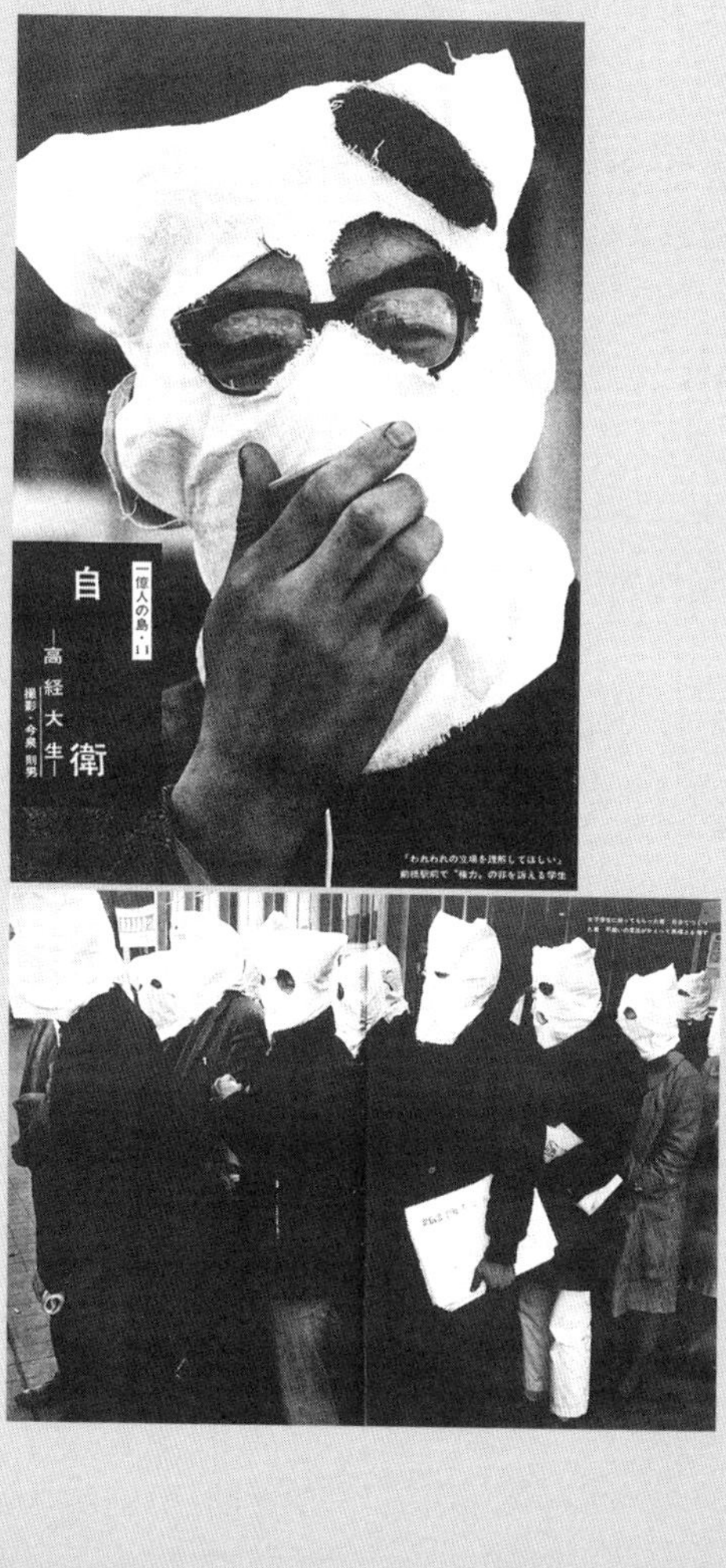

【写真】高崎経済大学の不当弾圧抗議でマイクを握るK(上)と同大学生を中心とする仲間たち(下)
白覆面は大学当局の氏名確認を防ぐための“妙手”
(出典：朝日ジャーナル 1968・3・17)

1　Kは闘い、人に出会う

東大法学部研究棟

六九年一月に東大安田砦が落ちた。前日に「前哨戦」として正門左手の工学部列品館が機動隊に攻撃され、Kはその向かい側にある法学部研究棟をバリケード封鎖していた約三〇〇名の学生たちを指揮するリーダーだった。

一月一五日に関西、中四国、九州の全学連学生、約四〇〇名が東大構内に入った。駿河台下の明大、中大、白山通りの日大などが展開していた市街戦的な闘争にではなく、東大構内の砦戦に投入されたのだった。NC、SOB（NCは革命的共産主義者同盟全国委員会。SOBはその学生組織委員会）はこれ程の、数のまとまった学生集団を、「砦戦」となる東大構内へと入れたのだった。参加した学生たちも、「東大闘争」であるからには東大構内こそ主戦場であり、そこでの戦いを希望し、上京してきたのである。

砦戦は誰にも判るとおり「全員逮捕」の戦術で、一挙に活動家やシンパを失う覚悟が要った。だが、この闘争でどの党派が何人の逮捕者を出したかも、一つの党派闘争であったから、日大を中心とした白山通りを「カルティエラタン」化するゲリラ闘争に関西中心の学生たちを投入して、土地勘のない彼らが無闇に負傷したり、他党派との戦術的な競い合いで急進化したりするよりは良かったのかもしれない。

こうした状況下でKは池袋の前進社（NCの事務所。池袋東口、六つ叉ロータリー近くにあった、木造二階建て貸家の二階。一階は寿司屋と喫茶店が入っていた）から東大構内の三〇〇名について指導をまかされた。大教室で関西、中四国、九州の指導部から「闘争参加者」を引き受け、(これは中規模の決起集会として行われ、この時点で地方指導部は外れた)、大学に残るべき大学指導部、地方委員会リーダーなど、逮捕されるべきでない者を戦列から外し、最終的に百数十名がKの指導下に入った。

バリケードつくりは簡単ではなかった。全く大工道具も工具も針金、ロープすらない中ではそれはほとんど積み木作業であったが、机や椅子、動かせる全ての家具類は入り口に集められ、床にコンクリートを敷いてそれらを固定することになった。材料をどこでどう調達するか、もう機動隊の導入は大学当局によって宣言されており、時間はなかった。Kは一〇名ほどを連れ、大学構内の営繕倉庫を襲った。構内の北の隅にある小屋がそれであった。おろおろする警備員・営繕係、彼らを無視して物置小屋の扉を開け、セメント袋、バケツ、スコップ、砂などを手に入れ、役に立ちそうなものは何でも運び出した。その中に、未使用の雑巾の束が幾つもあり、荒い木綿で雑巾の形に縫ってあって、これはいい、とバリケード内の全員に配った。皆は思い思いに覆面タオルの中に入れたり、緩衝材の入っていない簡単な白ヘルメットの中に入れ、警棒で叩かれた時の用心にした。

バリケードで出入り口はすべて封鎖したので、Kたちは玄関脇の窓に階段を付け、窓をくぐって出入りした。その出入り口には数人のガードが交代で立ち、白ヘル、第四インターの赤ヘル以外は入れないようにした。東大全共闘の白ヘルとの話し合いもこのゲートの下でした。相談は「バリケードが弱すぎること」だった。対策として、火炎瓶を大量に用意することになって、急遽、ポリタンクとガソリンを買いに走らせ（そのころはポリタンクでもガソリンが買えた）、食堂からコーラの空き瓶を山ほど「接収」し、ビンが割れやすいようにビンの中に小石を詰め、カーテンを引き裂いて栓を作り、流れ作業が始まった。

黒色火薬の材料を添加剤にすれば、触発性のある火炎瓶になることは、理系の学生は知っていたが、今から理学部の研究室を襲っても、硝酸系の材料が手に入るはずもなかったので、単純な燃料に布の栓をつけた、素朴な火炎瓶になった。Kが「モロトフカクテル」と言ったが、この由緒あるネーミングを知る学生はいなくて、Kはちょっと世代の違いを感じたのだった。結局、経験のある活動家だけを使って、若い学生はその部屋に入れずに作業した。部屋にはガソリンのガスが充満して、作業している活動家は皆、ふらふらになってしまった。

Kは研究室や会議室を見回った。なにかバリケード戦に役立つものはないかと見て回った。赤ヘルの活動家が研究室で何かの専門書をナップザックに入れている姿も見たが、「略奪」もバリケード戦の戦術の一つには変わりがないので、何も言わず、見逃がした。多分、神田の古本屋へ売りに行くのだろう。白ヘルにはこういう世俗的な才覚のある奴はいない。

〝決定打がない〟

日大全共闘の白ヘルが言った。

「銀杏並木の銀杏の木を切りましょう、あれなら相当頑丈なバリケードができます」

その場の全員が沈黙した。

一番年上の東大全共闘が言った。

「あれは止めておきましょう。切ると、後々、百年くらい恨まれますよ」

みんな少し考えて、うなずいた。彼は続けて言った。

「図書館のことだけど、希少文献があって、それが、金網の張ってある特別な棚に収められている。もしこれが燃やされたり、流失したりしたら、確実に絞め殺される。教授たちは自分の娘のように思っているからね」

長方形の建物の中央をゲタの歯のように横断している図書館は、扉も窓も防火用に鉄のよろい戸が設置されている。砦にして立て籠もるには都合が良かったが、可燃物に満ちている図書館は火が入った時には非常に危険だった。自分たちの焼死の問題もさることながら、翌日の新聞に「過激派学生、焚書」という見出しが出てしまうだろう。結局「領土」の外側として、戦術上、図書館は封鎖しないことにした。火炎瓶は、各階の学生たちに配布されていたがKの指示があるまで火をつけてはならない、と各大学指導部にしっかりと伝えた。

一八日の朝、機動隊は向かいの工学部列品館のバリケード解除と安田講堂への攻撃を開始した。われわれの法学部研究棟には牽制的な攻撃だけで、建物に近づく機動隊目がけて雨のように石礫が投げ落とされ、地上の機動隊は遠巻きにして見ている様子だった。

研究棟の北側の法文二号館には革マル派が占拠していたはずだが、その方向からしきりに催涙弾が撃ち込まれてくる。研究棟の法文二号館に面したマイクロフィルム室は全面ガラスになっておりそこへ好き放題に弾が撃ち込まれる。ガラスは大きく割れ格納されていたマイクロフィルムも催涙パウダーで真っ白になる。

目の前の工学部列品館が先に攻められた。籠城の学生たち（共産同ML派）が果敢に火炎瓶を投じて機動隊の進路を阻む様子は勇敢で、Kたちに興奮を与えた。だが、建物内の一階木造部や螺旋階段に火がつき、各階に次々と火が広がるさまは戦慄であった。
「あれはまずい」とKは思った。「ここでは、あれはできない」と思った。
列品館は火に包まれ、学生たちは屋上に逃れた。その数は以外に少なく、一〇人程度であった。彼らは屋上に逃れて、スクラムを組み、インターを歌いながら逮捕されていった。(後に、彼らが「放火」の重罪で起訴されたことを知った時、Kは悲しいような気持ちが過《よぎ》ったことを覚えている)
安田砦とはハンドトーキーで連絡を取り合っていたが、それも途絶え、雑音ばかりになったとき、安田砦の放送塔から最後のメッセージが流れ、「再びこの放送を開始するまで、砦からの放送を中断します」と言って、切れた。安田砦にはヘリコプターが吊るしたタンクからまっ白な催涙液が、滝のように注がれていた。それは、かつて、佐世保闘争のときに初めて使われ、催涙弾以上に鎮圧効果があると認められたらしい。その洗礼はKも佐世保闘争で受けたことがあった。

セメントは一晩で固まるわけもなく、急造りのバリケードは簡単に破られ、機動隊は三階へと進んできた。機動隊は図書館の鉄製防火扉に直径一五センチ程度の穴を開け、その穴から催涙弾を打ちかけてきた。Kたちは屋上に立てこもり、建物に近づく機動隊に「火をつけていない火炎瓶」を投げつけて威嚇したり、運び上げていた石ころを投げつけたりして、大いにやっていたが、屋上の手すりは一メートルほどしかないもので、金網はなく、しゃがんでも頭が出てしまう高さだった。その手すりからとび出しているヘルメットを狙って、図書館からつぎつぎと催涙弾が発射された。

Kは何かの気配で図書館の方向を見たとき、白煙がぱっと立った。次の瞬間、筒状の催涙弾が尻を振りながらこちらへ飛んでくるのが見えた。弾はKの頭を狙っていた。Kはヘルメットの庇を下げ、下を向いた。弾は二〇メートルからの至近であったから狙いは正確で、ヘルメットの真ん中、額の上に当たったった。衝撃はそれほどでもなく、弾はヘルメットのカーブに沿って上に飛び去った。しかし、その筒から振りまかれた催涙粉はKの体を真っ白にしてしまった。目には入らなかったが、鼻から下、唇、軍手をした両手、胸の辺り一面に真っ白だった。タオルで拭おうにも、粉には何か糊粉の様な成分が入っているらしく擦ればかえって塗りこめてしまうような、嫌らしいものであった。

伝令が「早めに昼飯を配りたい」と言ってきた。Kは涙や鼻水がとまらず、うなずくだけであった。皆にアンパンやら牛乳やらが配られた。Kにもパンが来たが、それを口に入れたとたん、吐き出した。Kの唇だけではなく、口の中までが腫れ、両手は手袋が取れないほどに赤くなって腫れ上がっていた。

催涙弾の発射音がやみ、昼休みのような静けさが屋上を包んだ。機動隊の作戦が変わった。屋上への出入り口にある鉄扉を、機動隊はエンジンカッターで切り裂き始め、けたたましい音が響いた。すぐに火花を散らしながら、エンジンカッターの丸い刃が見えてきた。

「どうする」

「火を点けずに火炎瓶を叩き込め」

エンジンカッターの刃が飛ばす火花がガソリンに引火して、屋上には火柱が上がり、学生たちからは歓声が上がり、追い詰められている屋上の雰囲気が変わり、賑やかになった。

この後、さらに二時間ほど屋上出口でのバリケード攻防があり、火炎瓶が尽き、火が消えると機動隊は扉を開け、簡単な机のバリケードを突き崩して、屋上に進攻した。屋上は雪が降ったように真っ白になっていて、それなりに人数分のゲバ棒とかは用意してあったものの、後に聞いた安田講堂内での「ちゃんばら戦」のようなことにはならず、学生たちはほとんど抵抗しなかったので、ひどい怪我人も出なかった。機動隊員もこの白い粉には辟易として、なるべく学生たちに触らないように手錠をかけた。Kも無抵抗で手錠をかけられた。よくある機動隊員の無用な腹いせテロはなかった。

二週間ほど警察の留置場に置かれ、Kはずっとその間、鼻水と涙、咳、黄色い痰に悩まされ、昼間も朦朧としたまま過ぎて、起訴された。東拘へ押送の日、留置場に残っている「戦友」たちは全員で合唱してKを送った。

暴虐の雲　光を覆い　敵の嵐は荒れ狂う
怯まず進め　われらが友よ　敵の鉄鎖を　打ち砕け
立て同胞《はらから》よ　行け戦いに　聖なる血にまみれよ
砦の上に　われらが世界　築き固めよ　勇ましく
（ワルシャワ労働歌）

東拘に移ってからは静かな日々となって、留置場での朝晩のインターナショナルの合唱や、シュプレヒコールからは遠くなった。Kが何度も思い返したのは「奨学金を受けているもの、片親の学生はバリケードから出るように」という指示を出したのはよかった、ということだった。地方から集まった学生たちにK自身の五年前を重ね合わせるところがあった。

三〇〇人か、五〇人かではバリケード封鎖の闘争では大違いであった。第四インターの約五〇人は独自に封鎖できる建物がなく、行き所を探していた。彼らの代表者がたまたま横国大のリーダーだったのでKは交渉を受けいれ、彼らは中核派のバリケード封鎖に合流することとなった。彼らの持ち場はバリケード建設にほとんど関係のない三階で、ほとんど間借り人であった。どのように戦ったのかは知る由もなかった。


われわれの「東大闘争」は東大の構内でバリケード封鎖し、立てこもり、東大全共闘に連帯して闘った、という歴史のための戦いであった。逮捕された関西、中四国、九州の学生たちはほとんどが二、三年生で、それぞれの理由で、『砦』の中の状況を検事に供述し、当然彼らは起訴猶予となり、釈放されて家に帰った。リーダー達は「本社常任」「地方常任」「自治会リーダー」を問わず、全員起訴された。黙秘権の行使はリーダーたちに共通の戦術であったから、検事は簡単に振り分けが出来たであろう。学生たちには黙秘する理由がなく、検事にしゃべるのに何のこだわりもなく、オルグされて上京した自分を語ったのだろう。聞くところによると、バリケード配置図から持ち場の小隊長、その上の中隊長、全体の隊長は本社常任の「K、と某何がし」という具合に全部がきれいに組織図に書かれていた、ということだった。

そうしたことに、Kは怒りを感じていなかった。

そんなものだろう、と思った。Kは二六歳、彼らは二〇歳そこそこだったのだから。

「闘うぞ」と宣言した学生たちの集団が全共闘運動であった。彼らは新左翼各党派に対しては「組織的利用主義」を警戒するバリアーを持ち、自分たちの当初の学内問題的な領域から発想するときは「外人部隊」歓迎という微妙な緊張関係を持っていた。とはいえ、日本共産党に対しては「革命を助ける良い科学と資本主義の悪い科学」というような雑駁な発想を軽蔑していた。

実際に政治的行動場面では必ず大学側に立ち、バリケード封鎖に襲撃をかけてきたのも日共・民青であった。学生運動を独自の運動体とは認めずに党中央、地区委員会の縦割りの指導下におき、常に「大人」の目が行き届いている組織であった。学生党員は大学卒の未来が約束されているのと同様に党内での出世栄達が約束されていて、学生運動の独自の街頭デモなどは決して参加せず、まして逮捕される行動などもってのほかであった。要するに日本共産党にとっても学生たちは卒業してから利用するべき人材であって、独自に政治的状況を切り開いたり、革命理論を深化させたりできる存在とは考えていなかった。こうした日本共産党の立場は東大闘争の中で惨めな体制派としての姿を露呈した。彼らは「正常化」をスローガンに黄色いヘルメットをかぶって、バリケードの破壊者として行動したのである。

他方、新左翼の側は三派全学連の崩壊後は各派が独自の全学連を名乗り「全学連（〇〇委員長）」

としなくてはどこの党派全学連かわからなくなってしまった。

六〇年安保を頂点に世界に「ZENGAKUREN」と知られた日本独特の学生運動（全員参加型学生自治会をベースにした全日本学生自治会総連合）の枠組みは崩壊していたのである。

東大全共闘の会議には新左翼各派も参加したが、特におのおのが全学連や〇〇大学学生自治会代表を名乗るわけでもなく、剥き出しの党派名で発言した。そういう意味では新しい学生運動の連合体が生まれた、といってもよかった。


全共闘運動はこうした政治的な試練を経験し、「党派組織」に対する強い警戒心を持っていたのである。

山本義隆氏に「東大全共闘議長」という肩書きをつけたのはマスコミであって全共闘側ではない。しかし、運動体に人格が与えられたことに、全共闘の側は特に反対もせず、議長のように山本氏が振舞っても抗議するようなこともなかった。

彼は言う。


「東大闘争は帝国主義国家の知的中枢に位置している精神のゴミタメ的な東京大学の腐敗の中で、攻撃的知性を復権させる闘争であった」

しかしそれは「研究者としての発言」であり、限定的と感じた。

Kは「いつでも始めることができ、いつでも止めることができる」ことを、自由とは考えていなかった。一つの「闘うぞ」は一つの立場の選択であり、その連続が自分の立場の確立につながっていくとき、それは方向性のある立場、つまり思想へと向かっていく。Kが奥浩平と出会い、彼の考えに共鳴して共に闘う立場を選んだ道筋は、東大生の全共闘運動とは異なっていた。

東大全共闘のある者は自らを「貴族的無政府主義」と称した。なぜ「貴族的」なのか。どこまでも官学のエリートの立場を捨てきれない限界が見えている。「無政府主義」で良いのである。そもそも無政府主義は「肩書き」を拒否している思想であるはずなのだから。

全共闘のバリケードとゲバ棒での「武装」は大学および民青のゲバルトとの対決の中で必然化した。何時間もかけて、全共闘メンバーは「武装」の必要性について議論し、「自信と誇りを持って武装」した。しかし、戦術的な先鋭化と思想的深化とは必ずしも一致しない。

Kには集団が創り出すものと個人が己の中で研ぎ澄ましていくものとは相互的な関係にありながら個人的な営みの中でしか熟成しない、と考えていた。このことは「党派」に属しているか「全共闘」であるかの違いには関係がない。

「ゲバ棒での武装とその使い方」を長々と討議したのは「武装」の是非についてであり、自分たちの戦い方の「社会的な妥当性」を見極めるためのものであった。戦術的エスカレーションはさらに強力に武装した敵を相手にすることになることは誰でもわかっていた。問題はどこまで行くかである。

日本共産党はそうした闘いに「敵を招き寄せる挑発者」のレッテルを貼って、一般学生の恐怖心に訴えつつ、みずから権力側にたって運動を破壊する者であった。権力に屈服しあらかじめ「無罪」をとりつけるための薄汚い政治行動である。

いずれにせよ、闘争の社会的効果ないしは社会的評価によって個人もまた色分けされる。そのとき「全共闘」はあくまでも「闘うぞ」の個人の集合でしかない、「組織」ではないと言い切れるであろうか。私は一個人として参加しただけである、と言い切れるであろうか。

そこにはアナーキーでありながら「東大生」であろうとする全共闘運動の打算がある。闘争の「社会的責任」を問題にするか「闘争の成果」を語るかを分けるのはそれぞれの立場であろう。しかし、権力と闘う場合、全面的に勝利しない限り闘争の「成果」の背後には「社会的責任」を個人的に背負う者がいるのである。

Kは「貴族的」という形容詞を使う者に対していつも感じることがあった。彼らの言う「貴族」は日本の中世宮廷の貴族ではなく、西欧の貴族を指しているらしいのだが、ヨーロッパ貴族は「ノブレスオブリッジ」と同意であって、戦闘場面では矢面に立ち吶喊して、真っ先に敵の弾の犠牲になる階級のことである。歴史的評価としてはその犠牲心において特権をあたえられたものとされている。大過なく四年間をすごせば「東大卒」の肩書きとしかるべき豊かな人生が待っている。そのどこに「貴族性」があるのだ。すべての権力を否定する無政府主義のどこに貴族の居場所があるというのか。「貴族的無政府主義」この東大生によるネーミングは噴飯物としか言いようがなかった。

Kの党派が組織し、東大闘争に動員した関西、中四国、九州の学生たちの政治的な感覚も「全共闘」からそう隔たっているわけではなかった。彼らにとって、法学部研究棟のバリケード戦が、時代的経験として思想的転換の契機になるのか、それとも人生の一エピソードになるのか、結局は一人一人の経験と向き合う個人的な思想的営為に任せられるのであって、本来はどこにも強制はないように見える。しかし、検察に屈服しすべてを反省してしまったならば、どこにも出口はないのである。

東大闘争は官学のエリートたちが闘いに立ち上がるために、自分自身に対する「自己否定」というバネが必要であった。日大闘争は否定するべきは「古田体制そのもの」であったから、自己否定すべきものを持たなかった。

山本義隆が朝日ジャーナルに書いたような戦いの場と静かな研究室を行き来する「欺瞞」は闘うことを決意したすべての学生、労働者にとって日常のことであって、その欺瞞を見据えながら闘いに進み､いつのときもその欺瞞に向き合う力を持つことが「闘う立場」というものであろう。欺瞞を指し示したものはなにか。それは闘いを決意した自分自身と、闘いが作り出した磁場なのである。そこにすべての出発点があり、帰結もある。

闘うものは全てこの欺瞞につきあたる。欺瞞の只中にいる自分に気づく。戦後日本に生まれ､「自由、平等、博愛」の民主主義を信念として生きてきたとしても、現代史を直視すれば現下の束縛と差別、抑圧と憎悪に気づくはずだ。

「こんなことではだめだ。生きている気がしない」と闘う立場をとった瞬間から、自分のあり方は闘いを切り開こうとする新しい世界から光を当てられ、なんとも醜悪で自己矛盾的であることに気付かざるを得ない。その自己矛盾が私を闘いに駆り立てるのである。

なぜ血を流し、囚われてまで闘うのか。それは私を純化し、未来的な自己を獲得できるからである。

東京巣鴨拘置所

東京拘置所（巣鴨）一年半の未決拘留は勉強に適していた。

外では、七〇年闘争の激動が始まっており、四・二八沖縄闘争では、日比谷野音での演説が「破防法」適用の対象となって、革共同書記長本多延嘉、全学連委員長松尾真、中核派書記局青木忠、反戦青年委員会世話人藤原慶久、反帝全学連委員長久保井拓三、共産同さらぎ派議長右田昌人、後には赤軍派議長塩見孝也たちが逮捕されていた。

東拘では三階に本多氏が移管されてきた。面会や風呂の時間にふと、すれ違うときに目配せした程度だったが、互いに「がんばってるか」というメッセージは伝わった。

東大裁判はいわゆる「統一裁判」要求を基本方針としていた。分割してさっさと済ませてしまいたい裁判所と山根二郎弁護士を先頭にした弁護団との攻防が続き、数百人の統一裁判組被告人たちは出廷を拒否したために欠席裁判が進行し、被告たちは結局、自分がどのような容疑で起訴され、裁かれたのかも知らず、こうしたかたくなに裁判自体を拒否する被告はなかなか保釈にならず、Kがようやく保釈になったのは、一年半後、翌年の夏であった。保釈金は一〇〇万円だった。学生活動家の保釈金としては法外に高かった。

未決拘留の日々は、東拘（巣鴨）三階の独房からグラウンドの向こうに見える家々の、布団を干す様子、取り込むときに叩く音をなつかしく聞いて過ぎていった。三階の看守がここは「A級戦犯」のいたところだ、と教えた。窓の左下のほうには処刑場の赤レンガの建物が見えていた。「未決はシャバと同じ」と言いながら差し入れのみかんや羊羹を配達する懲役がいた。彼はどこそこに学生が来ているという情報をくれて、Kはお礼に小ぶりな羊羹を一本あげた。彼は独房に首を差し入れて、羊羹を「剥いてくれ」と言う。Kは銀紙を剥き中身を差し出すと通路の看守からは見えない位置でパクッと口に入れ、そのままつるりと飲み込んでしまった。

Kはただ、呆れた。

この飢餓感を、近々、K自身が味わうことになるとも知らず。

Kは「朝鮮人強制連行の歴史」を勉強し、何十冊という、未決で手に入る限りの関係書籍を読み（K子がそれらを書店に注文し、差し入れてくれたのだが、Kは次から次と注文し、彼女は辟易しつつも、拘留者の我侭に応えた）それらの本の中に、朴寿南の「罪と死と愛と」があった。Kは朴寿南のやさしい心根にうたれ、死刑囚・李珍宇の「歴史的実存」について、当時創刊された雑誌「日本朝鮮中国」（略称、「日朝中」）に二頁分のエッセイを書いた。

私はそれまで李珍宇の事件は知っていたが、なぜか「起こりうること」として受け入れていた。本を読むと、朴寿南の限りなくいつくしみに満ちた手紙が、小松川事件の歴史性を一段と際ださせていた。李珍宇のことはもっと語り継がれなければいけない、と思った。一人の人間でありながら「民族の歴史性」のような、一言では言い表せない奥行きと深刻さを含んでいるものと考えていた。彼らの「同胞」という言葉の温かい響きと、日本人の知っている「同胞」という言葉の、日の丸と軍艦旗で飾られた語感との落差を感じた。

事件自体についてKは、その「異常さ」にそれほど関心がなかった。むしろ、当時のK自身の置かれている環境からして当然なのかもしれないが、彼の裁判のあり方に注目した。

李珍宇は結審・判決から数ヵ月以内に（今は確かではないが、あわただしく）処刑されたのだった。これは、李珍宇に語らせない、李珍宇に繋がる人々に語らせない、助命などという運動が起きてはならない、という権力側の「決意」が見える処刑であった。

「圧殺の最後の歯車がカチリと回り、李珍宇は死刑になった」とKは書いた。だが、Kには彼の行為の歴史的今を記述する知識も能力もなかった。ただ、これは圧殺の一種だと感じたのだった。

言葉は後からで良い、今ここで抵抗すること、このような「手の早い」青年、李珍宇にKは自分自身を重ねた。

「日朝中」の編集委員は著者の朴寿南とも連絡があり、Kの文章の載った雑誌を彼女に見せたらしい。Kは彼女の肩書きをどう書いたらよいかで迷い、勝手に「朝鮮統一運動家」と記していたのだったが、彼女はそれを喜んでいた、と後に漏れ聞いた。出所後に彼女に会う機会もなかった。Kは翌年の春に、もう保釈はない、このまま下獄となるかもしれない、と思い五〇円の拘置所内散髪券を買い、頭を坊主刈りにした。つまり、覚悟の程を示した。それは、保釈のために駆け回っている救対や家族、K子への決意表明でもあった。

ほぼ一年がかりで学んだ「朝鮮人強制連行の歴史」を基に、「日本・朝鮮革命への道・上」と題し百枚ほどの罫紙にまとめ、「巣鴨大学」の「卒業論文」とし、中核派の機関紙「中核」に掲載した。（中上健二が罫紙を原稿用紙にしていたことは、ずっと後で知って、妙に親近感を覚えたことがあった）

当時、朝鮮問題についてまとまった党の論文はまだなかったので、これはそれなりに評価され、学生たちからは（下）はいつ出ますか、とよく聞かれたが、二年間の保釈期間にも、それに続く三年間の服役期間にも下巻が書かれることはなかった。七〇年「七・七自己批判」と歴史的に刻印された、日本の革命運動の底の浅い現状への華青闘からの批判は、運動の現実が獄中のKをどんどん追い越して行ったことを教えた。

東大裁判で拘留中であっても、Kが他に抱えている別の裁判は進行していたので、そちらにも出なくてはならず、一〇・八羽田闘争（六七年）の裁判、三・二八王子野戦病院闘争（六八年）の裁判の二本があった。一〇・八羽田の被告団は二七名いて、Kは被告団の事務局長だった。北小路敏を先頭に被告の顔ぶれは関西、広島に及んでいたが、通常ならば活動にかまけて欠席してしまう活動家も逮捕、拘留中は自動的に青い検察庁のバスで裁判に連れてこられるので、公判は様々な情報交換の場として大いに役立った。行き帰りのバスから町の風景を見るのも気晴らしになった。

東大裁判自体は、「統一裁判」という全く過激としかいいようのない弁護方針で、数百人もの被告を安田講堂のような大会場で裁くよう、そういう闘い全体を包括した裁判を要求した。裁判所、検察は「裁判を集会にする」統一裁判要求を呑むわけもなく、二〇人、三〇人と闘争現場（検察には「事件現場」）毎に分割して裁判を進行した。統一裁判を要求する被告たちは出廷を拒否するのだが、拘置所の看守はむりやり運び出し、出廷させようとするので、そのうち被告たちの中では、裸になり、着ているものを流しの水に漬けてしまうという戦術が流行った。裁判が始まった当初は、看守のそうした職務忠実な強制に独房の中の学生は大声でシュプレヒコールを呼びかけ、拘置所全体がわんわんとした雰囲気となり、収容されている全員が意気軒昂としてインターナショナルを歌ったり、ワルシャワ労働歌を合唱したりした。東拘の建物の構造は、フロアの中央が一階から三階まで吹き抜けになっていて、各階で何が起こっているか、すぐに看守にわかるようになっているから、一階でのシュプレヒコールは三階にまで聞こえてきた。そのうち、他の収容者への考慮もあって東拘側が折れ、出廷日には独房の鉄扉を開け、被告の出廷しない固い意志を見て確認するだけで、引き上げるようになった。

法律的には裁判を受けるのは「被告の権利」なのであって、その権利をあえて放棄し、裁判のやり方に抗議すると言っている時に、拘置所当局が被告をよってたかって担ぎ上げて、無理やり出廷させるなどということは、裁判自体が「被告＝推定無罪」の原則を踏みにじっている様を露わにしてしまったのであった。

Kの場合は小さな流し（机兼用）と椅子を兼ねた洋式便座との隙間にもぐりこんで、無理に引き出そうとするとそうした構造物が壊れてしまうくらいに無理やりに体を押し込んで、出廷拒否の意思を示しただけだったので、彼らは引き出す努力もせず、ほとんど看守との軋轢はなかった。

そもそも、東大闘争の砦戦は「全員逮捕」を辞さぬ作戦であったのだから、始めから捨て身だったわけである。しかし、われわれが考えた以上に裁判は、階級性を露にした、報復処刑的な性格を持っていて、「分離裁判」は頭を下げるものと、そうでないものを振り分けていく卑劣な選別手段となった。出廷拒否、分割裁判には出廷せず、検察側の訴追内容には一切の反論なし、判決文すら受け取りを拒否する。こういう被告の不利を覚悟した者のみが東大裁判を欠席のままやり遂げ、服役したのである。それは「志」を遂げようとする青年らしい美学でもあったのだ。

他方、分割裁判に出た被告は、検察の脅し、親、親戚からの圧力で、処世として、争わない「分離裁判」（統一裁判グループから分離した裁判）に出廷することで「反省した」ことを示し、みかえりとして、検察・裁判所は彼らに執行猶予付きの判決を与えるのが常であった。

Kは、自分を裁いた裁判長の名前も知らないが、彼が人間らしい憎しみを持ってKの判決に望んだことは、「未決参入」の計算で十分に伝わった。未決に一八ヵ月拘留されていたのであるから、裁判の判決「懲役三年」に対し、すでに未決拘留中に、刑の一部は済んだものとし、刑の執行分から引き算すれば、残りは一年四ヵ月のはずであった。しかし、そこには裁判官の裁量が随分とあるらしく、Kを裁いた某は三〇〇日のみを算入（相殺）しただけであった。Kは未決から通算すると、三年八ヵ月の実刑と同じ判決を受けたことになった。

およそ八ヵ月分を二重取りする、小汚い復讐心が垣間見えた時であった。

裁判のプロセスはそこで「大人の社会と制裁の掟」の仕組みを学び、それに従う者もいるが、その権力的なやり方にますます憤怒を募らせていく者もいるのである。「権力の暴力装置」と抽象的に書物の中で学んだことは、具体的な苦痛となってKに迫ってくる。それは、闘争の劇的な場面の後に、われとわが身を切り刻み、焼き、おのれの時代の姿を照らし出していくような、絶望感と殉教的な快感との間を行きかう「闇の中の旅」であった。

一〇・八羽田闘争裁判は月に一回程度のゆっくりした進み方をしていた。検察側は京大生山崎博昭君が死亡したことを学生側によるものという直接被告の罪状と関わりはないにもかかわらず、過激派キャンペーンに利用しようとしていた。被告が多いこともあり、証拠調べが長引き、なかなか結審しない。このことはKの個人的な受刑期間に大きな影を投げかけていた。執行猶予付きの判決が出たとしても、東大裁判が実刑で確定したとき、（実際、欠席裁判では検察側、弁護側の間に争いがなく、上告してもさっさと結審し、確定してしまうのは目に見えていたから）羽田の判決は執行猶予が付いても実刑と同じなのだった。Kには三年に加えさらに一年か二年の刑……が待ち構えていた。

永山則夫との対話

一〇・八羽田裁判開廷日の某日、東拘の青いバスで七時半ころ池袋を出て、南へ下り内堀通りから飯田橋駅前を通って靖国通りに入り靖国神社の前を右折して霞ヶ関の東京地裁に入る。池袋も飯田橋も、法政大裏の靖国神社、国会前、日比谷公園、見るものすべてが、そこで繰り広げられた戦いの日々を想い起こさせる。

手錠に腰縄で数珠に繋がれ、少し前かがみになってゴム草履を引きずりながら、東拘から裁判出席のために地裁の地下の留置所に入れられる。

後には、拘置所は活動家と一般の刑事被告とは一緒にしなくなったが、初めのころは区別なく、大部屋に十人位をまとめて入れていた。各警察の留置所を回って被告を集めてきたバスが着き、裁判で一緒の関西の枝元君が同じ大部屋に送り込まれて、意外な気がした。二人は早速、壁を背にして並んで座り、外の状況で互いに知っていることを交換し始めた。同房のヤクザらしい連中は、別の塊を作って、やはり情報交換している。そちらから、時々鋭い視線が飛んできたが、Kたちは意に介さなかった。こちらのほうがガタイはよく、意気も高かった。彼らもわれわれが「青白いインテリ」ではないようだと確認して、視線を絡ませてくることはなくなった。Kたちは房全体を見渡しながら壁を背に横に並んで、お互いにだけに聞こえるようぼそぼそと話をしていた。

そこへ一人の色白の、少年っぽい、小柄な男が膝でにじり歩きして近づいてきた。そうした近づき方が他の刑事被告とは違っていた。

はじめは公安のスパイかとも思った。公安警察はこそ泥のような破廉恥犯を使って、われわれが何を話していたかを聞き出す。一瞬だが、そういう疑いを持った。が、「お近づきになりたい」

と彼の目つきが言っていった。その切実なまなざしで、彼がスパイではない、と分かった。新聞で見たことのある永山だった。「連続射殺魔」と名付けられた永山則夫である。

彼は「全学連の方ですか」と聞いてきて、Kたちがうなずくと堰を切ったように彼自身が独房の中で固め、溜め込んだ疑問を投げかけてきた。

にらみの目線でこちらをちらちら見ていたヤクザ連中も会話を止め、聞き耳を立てた。

Kは、できるだけ丁寧に、わかりやすい言葉を選んで彼の質問に答えていった。

出廷の時間が来て、Kたちは一号大法廷に行き、彼とは別れた。一〇時過ぎに一旦休憩があり、昼には法廷は終わった。Kたちは夕方までほかの刑事裁判の終わるまで雑居房でゆっくりと待った。永山はなぜか昼には帰ってこないで、三時ころになって房に戻された。朝の続きを語り合った。かなりお互いに打ち解けて、大学のことやマルクスは何から読むかとか、最近読んだ本のことなど多方面にわたる、つまり、雑談をした。彼の裁判が結審すれば、何人もの罪なき人を殺めた結果は死刑と、お互いに、暗黙のうちに、彼の時間のなさ、切迫感が伝わり、Kとの話も真剣にならざるを得なかった。

Kは初めてマルクスを読むのなら、資本論の二三章「資本の原始的蓄積過程」が良いだろう、「資本家階級の血塗られた誕生の秘密」が書かれているから、と教えた。「経済学哲学草稿」はマルクスの考えが「主義」として形作られていく、発想の原点が見られるから、飛ばし読みでも面白いはずだ、とも教えた。

ついでに李珍宇の本を薦めた。死刑囚になろうかという男に、死刑になった少年の本を薦めるのもためらいがあったが、朴寿南との交流の美しい場面が、彼の心の休み場所となるかもしれない、と言う期待はあった。

東拘に帰ってから彼はあらゆることを日記に書きつけ、井上光晴の主宰する「辺境」誌に発表した。

「無知の涙・永山則夫獄中ノート」（一九七一年一月「辺境」3）より抜粋

第七分冊

私は今日、自己自身で何があったのか自身の驚愕のため分からないと言わざるをえないのであった。弁護士に、「独学の場合は熱っぽいディスカッションがないからな」と言われたので、それでは今度の裁判の日、若し、学生と一緒になったならば、と虎視眈々とした心境でその場に臨んだ。そして、私の希望したとおりに事は運んでくれた。普通だったら、人と人との会話の中に自己自身が入り込めただけで喜びを顕すかもしれない――しかし、私は違うと願い、またそうするように努力している。全学連闘士と議論と言えるかどうかと思うが、兎に角、それらしき会話をしてみた。やっぱり、本当にやっぱり、あんな坊ちゃん育ちと思っていた中にも本物がいたと知った日である。そうでなければならないのだ、絶対に！

…………

私は留置場での点検が終わり、二人の闘士たちが居たのでその会話に耳を傾けた。二人とも眼鏡をかけていた。闘士たちはまず、何点何々闘争のときに逮捕されたと名乗り、同志であることを確認する――それから話に入っていく。私はその会話の中に早く入りたくて焦った。聞いていると私の知らない言語がぽんぽん飛び出てくるので一瞬悄然となった。が、自分自身に言い聞かせて、態度では頭をこっくりと頷かせて、その闘士らの前に身を乗り出していった。

…………

「ぼく独りで居るから、無性に討論したいと思う時があるんですよね。だから今言ってみたいんです。いろいろ自分の思っていることを話してみたいんです」といった直後に扉が開かれ、私の証拠番号（正確には「称呼番号」―筆者注）が呼ばれた。つまり、出廷なのである。ああ、もっとあの人たちと話してみたいのにすごく残念に思った。

…………

その上方の学生は温和な人であるなと感じ、経済を専攻しているということも知った。

いろいろあれこれ話していると、も一人の長身の闘士が室にもどってきた。この長身の闘士は哲学と後一つ（忘れた……）他の科目を専攻しているとのことである。私は莞爾として、やっと逢えたと思った。それからは、この時まで、私にとっては夢想の中でしか考えられないことが起こったのである。

……………

被告たちの出廷で中断はしたが、上方の学生がこの以後東拘へ還る車中まで一緒だったので隙を見て話続けた。会話して私は思うのだった——自信付いたと。そして、その闘士らへもっと勉強すると誓った。思い通りの会話といっても、混沌状態でのことでちょっとどうかと思うが、この部屋で得取した物での結論は、もっと勉強することである、ということだ。

その哲学専攻の学生は本物だけあって素晴らしい人だなと大変に思った。その人へいろいろと約束をしたが、パトスでの会話だったから守れるかどうか不安が走る。それでも、その人へ「自分なりにやってみる」と言ったように、本当に自分なり有為な物事をしなければ駄目だと再三度意思への返事を迫り、また問うのであるのだった。

……………

車中、上方の学生と断片的に話した。その中で「自分の精神内で考えると世の中は小さく見えるが、こうして見ているとすごく大きく見える」と言ったが、あれは惰性なのだろうか。違う、本当の話だ。しかし、私の存在が普通の状態と違う故に、この私自身の精神が小さく見えるのだ――ここから以前のような絶望が始まる。だが、死んでは、自殺してはならない、そう判然と覚醒させられた――この事を肝に命じ、また、希った日でもある。

――死する者より・その五十一

激情（パトス）の素晴らしさを知った日に　四十五年五月十三日

……………

第八分冊（この日から約一ヵ月半の後に）

李珍宇忌

……………

私の探し求めていたと思う人物に出会ったような気持ちである。

……………

私の彼を視る立場は、彼が同じ死刑囚（同じと願う）だから共感して読んでいるということより、より別な方面から視ていこうとしている。それはこの人たち在日朝鮮人民の独特な魂が、この『罪と死と愛と』に注ぎ込まれていると直感的に観じるからであるのだ。

……………

私の情動は単純だから、少しでも感動した対象に対して直ぐ賛美してしまう癖がある。でもそれは多かれ少なかれ本当の事だ。それでもあえて思う、彼からの印象は今までのとは何か違うものだ、と。

私は…………………………………………………………………………………………

………………………………………………………………どうしたらいいのだ。

珍宇よ、あなたのような事件も惹起される可能性も充分に考えられる。珍宇よ！　あなたには怒りというものがなかった。

…………………………

私はこの以降、珍宇にライバル意識を感じることと思う。君より私は出来が悪いが、私は私なりで、やって逝くつもりだ。

…………………………

珍宇君ぼくは、君の本を読んで泣いた。何故かは知らない……。昔の中に捨てられたぼくの『ぼく』が忽然とあらわれたからだと思うんだけど。

——死する者より・その五十九

孤独についての小論Ⅰ　『罪と死と愛と』の読後感想　四十五年六月二十五日

第九分冊

　あの五号室では学ぶところが多かった。とKという（Kと書かないと消される）闘士と出会い、私自身が〝喝〟と思う、また、気合と思う言語をその人から受得した。短時間しか会話しなかったから一時的なものかもしれないが、彼からの影響は大きいものであった。しかしそれとは別に、彼が属する中核派は語調が強いだけで、全然その戦術は成っていないと、はからずも思わなければならない私の立場であるから、彼らのは空論だと、スネて考えなければならない事態に出くわした。

………………

そんな思惑で在る時、例の室で赤軍派の闘士に会った。彼は自嘲的に、自分は一番悪辣なところに所属していると語った。彼は〝人間性のある人〟であるらしい。またそうならざるを得ないわけを、私は自分自身のことであるように感じた。

………………

現在の学生闘争の目標物を打倒する大多数の人々より、目標物とするものを必殺する英雄的独りを造れ、ということだ。話は飛ぶが、アルジェリアの独立運動も最初は、私のような貧民窟から出たテロリストたちにより行動が開始されたことを思うと、まんざら嘘とばかり言えないと思う。そうなんだ！　飢えは、死を恐れないという人間の生存原理を、現代日本の民衆がそれぞれ各々の身体でもって体験された時、今私の記述している事柄を理解するのが可能なものとなろう。
——死する者より　その六十四
現革命的持論　四十五年七月十四日

永山則夫は、李珍宇の文章を充分に読み込んでいたことにKは驚いた。彼が小松川事件の歴史的背景を理解する感性を持っていることが、Kは嬉しかった。死刑囚が李珍宇の文章をこれほどに愛惜をもって読むことは、予想もしなかった。

永山則夫とKとの対話は全部でも一時間に満たない長さだったが、それはKと奥浩平との出会いの頃の対話を思い出させた。彼は現代世界をどう見ていくか、どう受け入れるか、いかに変革するか、そうした対象物として現実を捉え返す道筋をKに教えたのだった。マルクス以前に実存主義があったことも、永山則夫と私は似ていた。ただし、Kの場合はキェルケゴールではなくサルトルであったから、「参加」の準備は出来ていた、といってもよかった。Kは革命組織とその運動体に参加したから、永山則夫の望んで叶え難い「熱っぽいディスカッション」に常に満ちていて、根本的にKの人生は運動体と一体化してしまった。思想的にはサルトルとマルクスはその時々の場面にあらわれてくるのであるが、現実的な課題の解決と、理論的な体系の構築との整合性は、常に要求されていた。

永山則夫はKとの邂逅の二ヵ月後に、赤軍派の被告と話す機会があり、その「人間的な人」に共感して急激にテロリスト化していった。Kにとって、革命的な思想とは権力との確執を前提とした運動体と自己との相互的で、有機的な発展であると思っていたから、独房に隔絶されて書物だけから学んだそれは理論の域を出ないまま、歪んでいくと感じた。

永山則夫はKとの一回のディスカッションで「自殺してしまおう」という自滅的な考えは捨てたらしかった。「世界・内・存在」としての自分が世界を投げ返す、そういう元気が出てきているように見えた。しかし、たかだか二ヵ月のうちに彼はテロリスト的言辞を吐く、戦術左翼へと変身していったのであった。

四角い西瓜が作れる、という話を聞いたことがある。青い幼い玉が出来ると箱に入れ、成長に合わせて四角い箱を大きくして、丸くなる隙を与えないで育てれば大きな四角い西瓜になるという。

狭く、四角い独房は人を歪める。

そこには生活がない。食うことだけが楽しみ……と思い込んでも差し入れの銀シャリも大してうまいものでもない。缶詰のハムを開けようが、鶏の水煮缶を開けようが、便座のふたに座り、流しのふたの食卓に贅沢に並べれば、空しさが増すばかりである。

人間関係がない。

看守とは、会話はない。彼は「監獄＝暴力装置」の部品であるから人間としての応えを期待しても無駄であった。来る手紙、出す手紙すべて検閲され、たいしたこともない内容でも謄写版インクで黒塗りにされる。印刷物、写真は透かして内容が見えないようにサンドペーパーをかけた上にインクを塗ってある。

世にいれば何でもない日常性が、四角い西瓜のように歪められていくのだ。

永山則夫は、「目標物を倒す大多数の人々」ではなく、一人のテロリストを望む。大多数の人々の革命の側への獲得、その中にしか希望はないということは、運動を自身で作り出したことのない者には、分からない。運動のダイナミズムだけがそうした思想の裏づけであり、場所的にしか実現されないそれは、「ディスカッション」以上に、永山則夫には手の届かぬものであったのは、仕方のないことではあった。

彼とはその後、Kが仮釈放になったのち二年間ほど数度手紙のやり取りがあった。といってもはがき程度の簡単なもので「ディスカッション」にはならなかった。

「無知の涙」は単行本になり、評判を呼んだ。その後の彼はますます狭隘な独自の哲学にのめりこみ、裁判でも日本で有数の人権派弁護士、後藤象二郎氏を弁護人から解任してしまうような、支離滅裂な行動を取るようになっていくが、彼の本の印税は被害者の遺族に仕送りしていたことは、「有為なこと」を彼なりに実行している様子であった。

永山則夫裁判は長くかかり、死刑確定後も執行の印鑑を法務大臣が押さないため、彼の獄中執筆活動は続いた。

何年か後に、死刑が執行された新聞記事を読んだ時、Ｋは初めて会った東京地裁地下留置場で、食い入るような目つきでにじり寄ってくる彼の姿を思い起こしたのであった。

2 工場に降りたK

下獄初日

「あそこが中部七工場だ。真っ直ぐ歩いて行け」と舎房から送ってきた看守が言った。「はい」と答え、Kは真っ白に雪の積もった中庭を、広々と開けた方向を見た。ついてきた看守は渡り廊下の中央に立って、Kの背を見ている。Kは渡り廊下から出て、直角に中部七工場に向かって歩き出した。中庭は地上にあったものがすべて雪で覆い隠されて、白い原野のようになっていた。Kは歩き出す時に、靴下を脱いで裸足にゴム草履を履いた。

一歩一歩、磨り減ったゴム草履を雪にめり込ませながら、用心深く歩いた。時々、顔を上げて工場のほうを見た。一〇〇メートルほど向こうには、もうもうと雲のようなものが沸き立っていた。そこから先は何があるのかは見えない。白いペンキを塗った鉄柵が見え、しかしその柵は胸よりも低い鉄柵で、その内側で工場担当の看守が手を上げて振った。Kに向かって振ったのではないことはすぐに分かった。柵の中の看守は頭上で手を止め、敬礼のような形を取ってからゆっくりとおろした。Kを送ってきた看守はぬれた雪でぴかぴかに磨き上げたブーツを汚すのが嫌だったのだろうか、Kを一人で歩いて行かせたのだった。

Ｋは一〇センチくらいめり込む足を滑らさないよう、前と足元を交互に見ながら、大きな歩幅で進んだ。ゴム草履の下の雪はもう半分は溶けてシャーベット状になっており、足にしみた。しかし、Ｋは雪を踏む感触、冷たく凍える感触を楽しんだ。白く清らかな表面と、溶けかかった地面に近い雪、それは春の雪であった。

独房に居たら絶対に味わえない、季節の味であった。

五〇メートルほど行くと雲を巻き上げているスチームの音が一段と大きくなった。Ｋが顔を上げると、ゴオーっとボイラーが燃える音が聞こえ、スチームで洗車している男がノズルの方向を変えるたびにスチームは大きな雲を吐き出して、円を描き、うねった。噴火口から噴き出す白煙のように蒸気は空へ昇り、消えていく。その上の空は、抜ける青だった。

Ｋは突然生き返ったようなうれしさが腹の底からわきあがってきた。檻から出された犬のように走り出したくなった。吠え出しそうな気分になった。

中部七工場の看守は短躯であったが、柔道で鍛えた様子が一目で分かる厚い胸板と、ひどいガニ股歩きであった。Ｋを看守の見張り台の下に連れて行った。その台は工場の右手奥にあり、全体が見渡せるようになっていた。看守は小さな階段を三段上がって、机上の書類を見つつ上からＫを見下ろし、「称呼番号」「三九七番」「名前」「Ｋ」と写真と顔を照合、確認した。

看守は通りかかった懲役に「ブンタイを呼んで来い」と命じた。すぐ近くにいたらしい「ブンタイ」は「はいっ」と飛んできた。年はKよりも少し上くらいの、背の高いひょろっとした男だった。寒さで鼻水をたらしている。

「工場の中を見せて、ロッカーを決めてやれ」

看守はそれだけ言うと、二階の看守控え室へ行ってしまった。その素っ気無い言い方が、いい感じだとKは思った。そのいい感じは、これまで面会にせよ教育課の面接にせよ常に看守が後ろに付いていていた、妙な束縛感から解放されたことでもあった。

Kは戸惑う。看守なしで工場を歩き回りながらブンタイは低めの声で「林」と名乗り、「刑は長いのか」と聞いた。「三年二月」とKが答えると「そうか」とだけいい、事務室の奥にあるロッカールームに連れて行き、四〇×四〇センチほどの箱を指して、「後で名前を書いて差し込んでおく」と白いカードをKに渡した。

「風呂は四時三〇分から一五分だから、タオル、持ってきたか」

「いいえ、舎房にある一本だけです」

「それなら、これを使いな」と使い古しの青いタオルをKに渡した。「石鹸は風呂に入ってから借りればいいから」といいながら、工場用のつなぎや安全靴を出してくる。つなぎは鼠色の化繊で、よれよれの着古しだったがサイズは十分に大きかった。

「四月一日が入校式だろう。それまでは塗装のほうを手伝ってもらうから」

Kは「はい」と答え、「足を拭いてもいいですか」と聞いた。

「う、裸足か、いいよ」

気軽な人なのでKは安心する。安全靴はサイズが合わず、工具室にKは連れて行かれる。

「新入（しんにゅう）の靴が合わないので、もう少し大きい靴出してくれませんか」

「お前何センチだ」

「二七センチです」

「探してやってくれないか」

「よっしゃ」

Kに安全靴と工場用の軍足、工場用のつば付きの帽子が与えられ、ロッカーの前で身に着けて、工場の西の端まで案内されていった。ブンタイは歩きながら説明して「ここまでの五つのブースが修理、ここここの二つが板金用のブース」、どのブースにもダンプカーや大型のトラックが入っていて、Kと同じような鼠色のつなぎ服を着た男たちが何人も忙しく働いている。その向うに壁で仕切られた一角があって、塗装ブースがあり、シンナーの臭いが満ちていた。そこで、Kは塗装の班長に引き渡された。

班長はブンタイが「金さん」と呼んだ五〇歳がらみの懲役だった。金さんは訥々と仕事の手順をKに教えた。酒焼けなのか、それとも長い懲役勤めの間に塗装シンナーを吸いすぎたためか、彼の丸い鼻の頭は赤くなっている。Kはゴーグル、エアーサンダー、防塵マスクを渡されて、屋外に四、五台並んでいるダンプカーの荷台の塗装の「はがし」を命じられた。

「はがし」作業は入庫車全てに行われていて、はがした後、車体の凹みにはパテを塗り、グラインダーで平滑に仕上げて、グレーの下塗装の後、黄色の原色で上塗りされていく工程らしかった。屋外に何台も並んだダンプは風上で仕上げの黄色塗装をエアーで吹き付けていて、周囲は黄色の塗料が霧のように舞っており、風下ではサンダーでパテ修理の仕上げの白っぽい粉を巻き上げ、最も風下は入庫して洗車されたダンプや平ボデーの一〇トントラック、トレーラーヘッドなどが塗装のはがし作業でそれぞれの塗装色の粉末煙を上げ、それらに数人ずつ取り付いている懲役は、作業の内容ごとに黄色くなったり白くなったり、入庫時のトラックの塗装色で、青い粉末にまぶされたりしているのであった。

金さんは一台のダンプにKを連れて行き、そこでエアーツールで大まかな「はがし」をやっている男に「シンニュウだ」と紹介し、この男がはがした後を、エアーサンダーで磨くやり方を教えた。金さんはKに「ウエス」袋からワイシャツの切れ端を取り出して与えた。Kが何に使うのか怪訝な顔をすると、「これをマスクの中に入れておくと粉を吸わない」と言った。Kが「えっ」という顔をすると「粉ひどい」「のどやられる」と目を丸くしてどもりながら説明した。

「サンダー使ったこと、あるか」とKに聞く。Kは「ウン」とうなずく。金はエアーホースにチャックで工具をつないで「ウイーン、ウイーン」と数回スイッチを入れて回転の様子を見てからKに手渡し、Kは作業にかかった。

エアーサンダーは、電気工具と違って負荷をかけすぎると止まってしまう。Kはすぐにそのコツをつかんで、軽く車体に押し当て、滑らすように軽く一皮剥き、戻しながら残りを取って、二、三回往復させると車体の地金が見えてくる、それでよいのだった。金さんはKの仕事振りをちょっと見てから、何も言わずに自分の仕事に戻っていった。彼がいなくなるとすぐに粗取りをしていた男が近づいてきて、サンダーの音を避けて耳元に顔を寄せて、「舎房は」とKに聞いてきた。Kは「独居」というとちょっと考えてから「何年だ」と聞いた。「三年二月」とK。

「罪状は」

「がくせいうんどう」

男はちょっと考えてから「カクセイザイで三年は安くねえな」と同情的に言って、離れていった。気が付くとKの後ろのほうから看守がゆっくりと歩いてきていた。

Kは一時間ほど仕事をする。と、工場のベルがなって、早くも一〇時の休憩になり、「整列」と看守の号令が掛かる。

Kは一緒のダンプに取り付いていた男と一緒に整備ブースの前に行くと来た順に整列し、全員揃ったころに看守が全体を見渡し、「番号」と号令する。「いち」「に」「さん」「し」「ご」「ろく」「しち」…………「よんじゅうろく」。列外にいるブンタイが「総員四七名、異常ありません」と看守に報告する。看守は「解散」と号令して、休憩になった。

全員が思い思いの場所で座ったり、歩いたりして休憩する。Kは何となくその場に立っていると、工具室からも懲役が何人か出てきており、彼らは現場作業をしないので「つなぎ」ではなく鼠色のズボンにジャンパー姿で、日焼けもしておらず、小ざっぱりしている。

その懲役と一緒に工具室の管理者のような眼鏡をかけた小柄な看守がいて、Kに近づくと「おい、お前背が高いな。いくつだ」と聞く。

「一八〇センチです」

「今日からお前はジャンボだ」

「えっ」

「この間までお前くらいでかいのが一人いて、仮釈で出た。今度はお前がジャンボだ」

「ああそうですか」

「お前、出たらまたすぐ棒を振り回してやるんだろう」

Kは苦笑しながら「やりませんよ」と言うと、「また調子のいいこと言って、お前、銚子の生まれだな」「東京ですよ」「いいや、銚子の生まれだ」とからかう。困って笑うKに工場長もそばに来て、ニヤニヤ笑っている。「訓練生なんて調子のいい事言って、仮釈もらおうと思ってるんだろう、銚子の生まれなんだから……」となおもKをいたぶる。

周りに工具室の懲役や、洗車係りの、汚れまくった小男も来て、新入（シンニュウ）のKをサカナにしようとニタ付いて見ている。工具室の看守は「こいつは今日からジャンボだからな。生まれは銚子、調子が良いんだ」とKを命名する。工場長の看守はズボンのベルトに両手を突っ込んで首をかしげ、はなれて様子を見ている。一言も言わない。時々上目使いにKのほうを見る。苦笑するK。

色白、小太りの、ちょっと女にもてそうな若い男が、「必要な工具があれば、いつでも言ってください」と場をとりなす。命名が終わると、Kの周りの輪は解けて、洗車係りが来て言う。

「オイル交換したら、俺に知らせてくれ。車の燃料が結構入っていたら、教えてくれ」

Kは意味が分からずにいると、「ボイラーの燃料がいつも足らないんだ」という。

「まだ整備には着いてませんよ」

「訓練生になったら整備に行くから、頼んだよ」

「はい」

Kはそう言ってトイレに向かった。工場の北側にボイラー室、トイレ、風呂場と並んでいて、刑務所らしいのはトイレに個室の仕切りも何も無く、ひと目で誰がしゃがんでいるかわかる形になっていることだった。小便をすると、ベルが鳴り、また整列の号令がかかり、ブンタイの「総員四七名異常なし」で仕事に戻った。

昼飯は工具室の二階の食堂で、全員が一斉に摂った。

二人の看守が部屋の奥と入口に立っている。雑役係りの懲役がすでに昼食をテーブルに配置していて、全員が揃うと看守は「揃ったか、それじゃ」と言い、ブンタイが「いただきます」と号令、全員が唱和して箸を取った。

昼のメニューは二等飯と煮込みうどん、沢庵であった。テーブルには胡麻塩が置いてあり、それだけが自由に使える。食事の量が多くて食べられないからといって、隣の懲役にやっても、もらっても反則であった。一斉にぱくつく。

Kは朝が五等飯だったので、腹が空いていた。五等飯は麦七分の、握りこぶしより小さいほどの「突き飯」である。

二等飯の量は五等飯の二倍はある突き飯で、天辺に「二」という等級が浮き出ている。突き飯は配膳の時に一目で量が分かるようにエンボスで数字の五から二が記されている。Kの飯は、半日の内に五等から二等に上がった。Kは今までの房内作業でいつも腹をすかせていたのが、今日からは腹一杯食えるのが嬉しかった。おかずの量も格段に多い。食堂の入り口には胴鍋が置いてあり、看守は「お代わりがあるぞ」と自由に自分で盛って食べるように言った。Kは様子が分からないので、ほかの懲役がやることを見ていた。隣の席の男が「俺は長シャリが好きでなあ」と一人ごちて、アルミのボウルを持ってお代わりに行った。Kはその後について行く。うどんは煮くたれていたが、うどんには違いはなく、鶏皮の浮いた熱いうどん二杯と二等飯でKの腹は、はちきれそうになった。

工場に降りた初日は無事に終えた。広々とした風呂場で看守に見張られることもなく、二〇分あまり自由に風呂に入り、洗いさらしではあってもさっぱりしたTシャツを湯上りに着たKは、ここならば三年は大丈夫だ、耐えられる、と思った。生き延びる条件、それが彼の一番の関心事であった。

自動車整備工場

春はすぐに来た。

訓練生たちは、三月中にあちこちの工場から集まってきた。訓練生は自動車整備士三級の国家資格が得られる、整備工場での服役を願い出て、教育課の審査に通った二〇名である。彼らは午前中に食堂で座学、午後からは現場へ出て塗装や大型トラックの整備を手伝い、実地の腕を付けるという「教育プログラム」に採用されたのだ。

現場の懲役は皆鼠色のつなぎを着て、同じ生地の戦闘帽のようなつば着きの帽子をかぶる。板金のブースでは鉄材を扱っているので、プラスチックのヘルメットをかぶる。訓練生は白木綿のつなぎ（勿論新品ではない。何かの白い布の再生品）で、目立つ格好をしており、現場の班長が半人前の彼らを、区別しやすいようになっていた。作業はジャッキアップ、「馬」掛け（大型車のフレームに鉄製の台を架ける）、タイヤ交換、オイル交換、エアクリーナーエレメントの清掃、交換といった程度のことで、難しいことはなかった。作業よりも工具の名前を覚えたり、トラックの構造各部の名前を覚えるので精一杯であった。

一番大汗をかいて、疲れるのはタイヤ交換であった。大型車一台分のタイヤは一〇本から一二本あるから、古タイヤを外すことからして大仕事であった。空気を抜いた大型のタイヤのリムリングを大きなかじや(巨大なタイヤレバー)で外し、タイヤゴムの縁を二本のタイヤレバーを使ってホイールから外していくのだが、タイヤの縁はこれまで過酷に圧力が掛かっていたためにぴったりとホイールに張り付き、大ハンマーで一〇回も二〇回も叩いて、ようやく外れるのだった。作業に着く懲役はもろ肌脱ぎになって、つなぎ上半身を脱いで袖で腰に縛りつけ、タイヤの上に足を開いて乗って、大ハンマーを振り下ろし、タイヤとホイールの間に楔を打ち込む。はじめはTシャツでやっていても直ぐに汗みどろになってしまうので、裸で作業することになる。体に自信のある懲役は、早々と脱いで、筋肉を見せる。大ハンマーを振り下ろす仕事は見ている看守にも、いなせな感じを与えていた。Kや訓練生も慣れてくると、汗を流して、作業を楽しめるようになり、タイヤを何本も展開した工場は、アスレチッククラブのようにむんむんした気配になった。

工場の西の外れのほうに三メートルほどの高さのソメイヨシノが植えてあり、四月初めに満開となった。食堂のある管理棟は東の端にあり、昼食時には桜は見えない。工場長の看守はある日、昼休みに近い時間に何人かの訓練生を呼び、食堂のテーブルと椅子を桜の木の下に運ぶように命じた。

昼食時の点呼でこの日はお花見と称して、屋外で昼食を摂る、と知らされた。懲役たちは桜の舞う木の下で、大喜びでお花見昼食会を楽しんだ。昼食はひじきと干鱈を煮込んだもので、にんじんが彩りに少し入っている。味はしょうゆ味だが、やけに干鱈の生臭さが臭う。「ごみだ」と刑期の長い懲役がはき捨てるように言い、ほとんど采には手をつけずに、二等飯にごま塩を振りかけてかっ込む。

ほかの懲役は「ちびタン（工場長の看守）も結構粋なことをやるじゃないか」と誉め「後何回この桜を見るのかな」と言う者があれば、「俺は後四回だ」と少し照れながら言うものも居た。一〇回以上見るはずの懲役もいるからである。

Kは黒いひじきのおかずの上に、桜の花びらが散ってきて「きれいだ」と思った。よく噛んで、ひじきも鱈も、花びらも全部食べた。五〇人ほどいる工場の中で、Kがいつも最後までテーブルに居た。この日も雑役が食器を片付け始めたが、看守が歩いてきて「時間はあるからゆっくり食っていていいぞ」と言った。

Kは煮出した「お茶」（湯に色がついている）をボウルに注いでゆっくりと飲み、工場ごとに一部配達される読売新聞を楽しんで読み、畳んだ。

桜の木を見上げて、Kはつぶやいた。「後三回、三年だ」。自分に、言葉にして言ってみると、かえってそれは途方もなく長い時間のように思えてくるのだった。

夏になると訓練生同士打ち解けてきて、お互いに自分の事件のことやうたれた刑のこと、仮釈の見通しなどを話し合うようになった。中部七工場では精神的に安定した人物ばかりで、喧嘩は一度もなかった。訓練生の中に色白の男が居て、彼は板金班にいるおとなしい小柄な男とできていた。昼休みに二人で手をつないで散歩したりしているのを皆が見ていた。しかし、冷やかしたりする者は一人も居なかった。「愛情」という世界から全く隔絶されてしまっているから、そうした親密な関係を目にしても、それを悪く言うことはできなかったのだ。

訳知りの看守が真面目な表情で、ホモの恋人同士の仲を無理やりに裂いた看守が鋏で腹を刺された事件のことなどを話して聞かせた。その看守は「ちびタン」の部下だったが大柄でのっそりしており、顔はいつも二日酔いでむくんだような赤ら顔だった。体の割には声に迫力がなく、「整列」の号令もドモり気味で、懲役の悪さ（反則に至らない程度の）を見つけたときには叱りつけた後につぶやくように「バーロウ」と言うのであだ名を「バーロウ」と言われていたのだった。そういう男が看守の心得なのか、獄中恋愛の機微について真面目に語るのがKには面白かった。確かに、こういう極限的に人を追い詰めている檻の中で、お互いを必要としている恋人同士を離ればなれの工場に引き裂いたならば、その看守を殺したいほど憎いだろう、と誰しも分かる話なのであった。

裸踊り

午前中の自動車整備の勉強はだんだん難しくなっていった。自動車の部品や機関は全てと言って良い程英語のカタカナなので、中学生の時に既に不良だった連中には苦労の種だった。訓練生二〇人の内五、六人は「年少」上がり（練馬鑑別所よりも悪で、少年刑務所を勤めたことのある懲役）で分数がまるで駄目だった。自動車のトランスミッション、デファレンシャルギアはエンジンの回転数をギヤ比で落としていく装置なので、分数が分からないとエンジン回転二〇〇〇ｒｐｍを最終的に五〇〇回転とか二〇〇回転に落とす仕組みが理解できない。三級自動車整備士の国家試験にはこうした計算問題が必ず出題される。講師は講師免状を持った看守である。彼らは午前中の授業の後、輸出向けトラックの完成検査や事務手続きもしなくてはならず、中学生用の分数計算問題に時間をとられたくない様子だった。

ある時、Ｔ教官がＫを呼び、そういう事情をＫに話し、午後の一時間程、分数計算の授業をＫにやってくれ、と頼んだ。Ｋは現場よりも楽な仕事を喜んで引き受けた。Ｋは午前中の教官の授業についていけなくなった五、六人に居残りの計算問題の補習をすることになった。

補習は簡単な分数計算の足し算、引き算から始まり、分数の掛け算割り算に進む。分数の掛け算や小数点の入った掛け算ができないとギヤの連動の意味や計算ができない。このポイントにたどり着くのに一ヵ月が掛かった。それでもなお「できの悪い生徒」数人には宿題を出した。工場にはコピー機はないので、Kはわら半紙を四等分してそこに手書きで問題を一〇問ずつ書き、渡した。「舎房の人に聞いてもいいから必ずやってくるように」といって渡した。

工場と舎房との行き来では警備が厳重で、メモ類はすべて「ガテ」とみなされ没収の上、特別警備隊の取調べの対象となる。「ガテ」とは手紙の隠語である。訓練生は教科書やノートを舎房に持ち込むため、「訓練」と書かれた岡持ちに全員の教科書類を入れ、その箱は検査されて舎房エリアに移動する。宿題はその検査で「ガテ」とみなされないように工場の担当が立会って、検査の看守からとりあげられないようにしていた。自動車工場に限らず、工場にはかならず鋏とか刃物があるのでそれらが舎房に持ち込まれて喧嘩や、脱走の道具になるのを避けるために検査は厳しいのである。検査する仕組みは、刑務所ならではのものであった。

舎房と工場を行き来する時には全員が検査を受ける。大きな部屋が中央で仕切られていて、人一人通れる通路があり、そこを「裸踊り」で通過し、舎房着に着替える。朝は舎房着をすべて脱いで、検査通路でひと踊りしてから工場着を着て出勤する。その通路は窓際で、窓が少し開けてあって風が入るようになっている。通路の両側には看守が立っていて、懲役の前後を確認する。真っ裸の懲役は二人の看守の間に立ち、通路の中央の踏み台を跨ぎ越しながら両手を挙げ、手の表裏、指の間を見せ、足を片方ずつ上げて足の裏を見せる。そのとき称呼番号を大声で言う。手には何も持たず、しりの間には何も挟んでおらず、口の中には何も含んでおらず、足の裏には何も貼り付けては居ないことを確かめるための検査なのである。手をひらひらとさせて、足の裏を片方ずつ上げてみせる仕草は文字通り「裸踊り」なのであった。

舎房側も工場側もすべて同じ鼠色の制服なので、自分が脱いだ衣類がどこにあるか、自分の釘の位置を忘れると、とんでもないことになる。冬には全員が検査の後、吹っ飛んで行って一瞬のうちに着る。Kは初めのころ一枚ずつジャンパー、毛のチョッキ、シャツ、長袖のメリヤスと脱いでいると整列（工場ごとに更衣室の外で整列して出勤する）に間に合わないことがあった。そのうち、先輩たちのやっている脱着の方法を真似て同じようにすばやくできるようになった。上半身は下着のTシャツまで一度に脱ぐ、それを釘に掛けて、下も猿股ごと一度に脱ぐ、それを掛ける。着るときも一度にそっくり着込む。

裸踊りはたいした問題ではなかった。Kはその検査の仕組みをすぐに受け入れた。何十人もの懲役が素っ裸で検査台の上を通り、二人の看守は前後左右上下、股間、しりの割れ目を確認する。一種の流れ作業のリズムに乗ってしまえば問題ではなかった。

Kは刑務所の入所式ともいうべき肛門検査を思い出すのだった。中部七工場でそれが話題になるときには「オカマはあの時うっとりした顔をするからすぐにばれるんだって」としたり顔で言うものも居た。「女刑務所では尾万個も検査しなくちゃならないから大変だ」という話がかならず落ちに付いていて、「べっと」（いつも「ウエス」からパンティーばかり集めている懲役のあだ名）が言う。「俺もそういう看守になればよかったな」「ばーか。男の看守にやらせるわけがねーだろ」「そーか」「あたりまえだよ、看守が後ろから乗っかったら事件だぜ」とここで大爆笑になって終わるのだが、そういう下世話な話におとしこまないと自分たちが救われないのだった。

私物の検査があり、預かり帳面に指印を押して、裸になって四つん這いにされて、「口を開けていたほうが楽だぞ」と誰かが言うや言わぬうちに肛門にガラス棒が突っ込まれる。ひんやりとした感触がして、ガラス棒が直腸の中をかき回す感じがする。一瞬のことではあるが、それは後ろから犯される感じなのだった。

懲役は刑罰を受ける人間には違いないが、刑務所の中で裸になった、そういう人間に何をやってもよいと彼らは考えている。肛門に何かを隠している……疑いがあろうと無かろうと入所する全員の「ケツを掘る」ということは、それ自体が検査の枠を超えた懲罰的な意味を持っている。検査のためのAという方法とBという方法があるとしたら、受刑者の人格が傷つく方法を選んでいる、としかKには考えられなかった。

Kは中野刑務所で二ヵ月間ほど「選別」（刑務所用語では考査）をされて、前科、刑期、家族関係、組織関係、本人の希望受刑地を「考査」して送るべき刑務所を決める。この中野で肛門検査をしっかりやって、「どのような抵抗も無益だ、お前のケツを掘ることも出来るんだぞ」と教え込む。懲役一年生の誕生である。国家権力は死刑以外にひとを殺す方法を持っている。中野刑務所で済んだはずが府中へ送られるとまた府中的方法で肛門検査が行われる。刑務所間を移動させられただけで、受刑者がどこで何を肛門に入れるというのだろうか。こうして、受刑者は「お前のケツはもはや自分でも守れないこと」を思い知らされるのである。

Kは工場の行き来の「裸踊り」なんぞ「への河童」だと思った。Kは三日で五秒以内に脱着ができるようになった。

算数の代用講師をしている間、Kは自由に「技官室」に出入りできるようになった。教室の食堂から通じる技官室の入り口のすぐ脇に小さな電熱器があり、湯を沸かしてお茶が入れられるようになっている。三人の講師と一階の工具管理室の技官は看守のように厳しいことはなく、普通の役所の職員という感じの人たちであった。技官室には講義をしない塗装専門の技官も居て、この人は全く無口な「田舎のおじさん」風で、Kは彼が何かしゃべっているのを聴いたことがなかった。ある時、東北訛りのきつい人だと分かった。彼らは皆Kの講師ぶりを知っていて、他の懲役に対するのとは違った話し方をした。Kさんとか「ジャンボ」とか呼ばれて、「お茶入れてくれるか」と細かな用事も言いつけられるようになった。そして、一緒にお茶を飲むようになった。

暑い夏に、本物の熱いお茶を飲むのはすがすがしかった。配当（食事のこと）に出る茶は湯に色をつけるために茶葉が入れてあるもので、茶を煮出した妙な味のものだったから、Kは久しぶりに本物の緑茶を楽しんだ。Kはそれが技官たちのKへの心づくしなのだろうと勝手に理解した。

看守たちはちびタンを頭に三人が工場付になっており、休暇を取るときも三人の内一人は工場に出て、工場内の事情がつながるようにしていた。しかし、お盆休みのころ三人とも休む日があり、その日にはまったく懲役たちが知らない看守が来た。そういう代打で配置された看守は、懲役が安全靴でどかどかと走り回り、大声で合図をしたり、大型のダンプを運転したりしている工場の中で、まるで借りてきた猫のように行き場がなくうろうろしていた。

昼過ぎの食堂でKが講師になって分数の問題を少人数で始めるとその看守は巡回してきてその場が何であるかが分からず、「これは一体……」という顔つきで立っていた。

Kは訓練生の補習で許可されていることであると説明し、看守はうなずいたが、「働いていない懲役」たちには納得がいかぬ様子で食堂の隅でしばらく観察し、そのうち出て行った。二時になり居残り組は解散し、Kは技官室に入る。教科書を片付け、補習進捗報告ノートに記入していつものようにお茶を入れ、しかしその日に限って技官は一人も部屋に帰ってこないので、Kは一人で入れたてのお茶を自分の湯飲みに注いでいると先ほどの看守が戻ってきた。技官室に居るKを見て一瞬驚き、お茶を入れている姿をじっと見つめた。Kは見つめられている。視線がKの背中に注がれているのを感じた。〈ちょっとまずいな。今日は技官が誰も居ないから、とがめられたらどう言い訳するか〉と思いつつ、看守に視線を合わせないようにしながら報告ノートに何か記入するしぐさをしていた。看守は目をまん丸にして目の前の異常な事態をどう考えるか、動転していた。息を飲み込んでから「いつもやっているのか」と無理に落ち着いた声でKに話かける。

「居残りのことですか」

「いや、お茶のことだ。いつも自分で入れて飲んでいるのか」

「そうです」

　看守はほかの工場では絶対にありえない、「懲役が技官室で、一人でお茶を入れて飲んでいる」そうした事態をなんとか飲み込んで、黙って部屋を出て行った。Kは危ないところだったな、と思った。たちの悪い看守ならここでパクッていただろう、あの看守も半分くらいはそういうつもりだったろう、とKは察した。しかし、休日対応で来た看守が工場担当の看守が居ない日にKを逮捕して事件にしたら、ちびタンや技官がそういう反則を黙認していること自体をばらすことになるのであった。かえって面倒なことになる、と代打の看守は黙って去った。

　Kは技官室に出入りするようになって、いろいろなことが分かってきた。エンジンの構造を教えるQ氏は九州男児で、元自衛官。語り口は優しいが、芯の強そうな男である。T氏は自動車のシャシー関係を教え、声が大きい。塀の外や、家ではいいお父さんなのだろう、という雰囲気をもっていた。ちびタンの実家は花屋でいろいろな葬儀用の新しいレイアウトを研究して商売に励んでいる様子であった。

ラ・フェンテと「ネズミ」

そのちびタンが夏の終わりころ現場に居るKを技官室に呼んだ。

「お前、英語出来るだろう」

「はい」

「今度、外人が一人入ってくる。話が判らない時はちょっと来てくれ」

「はい」

数日後、ラ・フェンテが来た。長髪のラテン系の小男で、ちょっと猫背なので怪しい感じがする。Kには沖縄でLSDを売って、それで二年の刑だといった。

「車が好き」なので中部七工場を希望したとも言った。

来た早々、月一回の書籍購入申し込みで「カーグラフィック」を注文した。看守はそもそもそういう雑誌があるのを知らない。普通の懲役は「文芸春秋」とか「小説新潮」を注文するもので、自動車工場だから自動車関係の出版物を必ず注文するとは限らない。Kが工場内のスピーカーで呼ばれる。持ち場を離れるKに「何かやったのか」という懲役も居るし、「仮釈か」と聞く懲役もいる。皆、自分の希望や不安と暮らしている。

Kがラ・フェンテの希望を看守に伝えて、彼はカーグラフィックを購入できることになった。

刑務所では自分の持ち込んだ金を持っていればいくらでも本を買えるわけではない。「報奨金」と呼ばれる毎月の稼ぎの中から五〇パーセント以下の範囲でシャバの雑誌が買えるのである。五〇パーセントは多いように見えるが、優良工場の二級受刑者で報奨金は月に二千円程度である。Ｋが独居房で銀行の封筒を糊付けしていたときは月に二〇〇円位であったから、「優良工場」の懲役がいかに高給取りであるかが分かるが、衣食住付で手元に残るのが二千円、それが安いのか、それとも高給なのか、Ｋには何とも言いようがなかった。しかし、二〇〇円よりも二千円の方が良い気分であるのは、確かではあった。

ラ・フェンテが最も憤慨していたのは、日本の裁判のやり方であった。ＬＳＤを小銭入れに入れて持ち込み、沖縄の基地に駐留している米兵に売った。せいぜい旅先の小遣い程度の稼ぎにしかならないが、売っていたバーのマスターにチクられて逮捕、起訴、有罪となった。小銭入れには数錠のＬＳＤしか残っていなかったが、逮捕寸前にそれは捨ててしまい、裁判上の証拠は何もなかった。しかし、裁判ではバーのマスターが証言し、有罪になった、という。半年あまり沖縄に収監された後、「外人収容者」の多い府中刑務所へ送られてきた、ということであった。

ラ・フェンテは「証言だけで有罪になる。ファック。それじゃ誰かがはめたい時にそいつがＬＳＤとかマリファナを持っていた、持っていた！！　と言えばザッツジエンドじゃないか」としきりに言った。Ｋは「バーのバスターとおまわりが同じ商売をやっていて、あんたが邪魔だったんじゃないの」と言うと、ラ・フェンテは「ありうる（possible）」と真顔でうなずき、二人で大笑いした。

ラ・フェンテは外人収容者の特権で、丸坊主にはされることはなかった。小柄で、少し猫背でひょこひょこと歩く様子にはのしのしと歩く白人とは違う、ちょっといじけた雰囲気がただよってい た。後一年で通算一年半になるから「パロル」（仮釈）で帰国できる……と見通しも暗くはなく、Kは意気投合して、休憩の時にはいつも雑談した。

「アメリカに帰ったら、一番先に何をする」とKが聞くと、「まず、ワインのギャロンビンを買って、砂漠に行く。そこで酒を飲んで星を見る。それがものすごくきれいなんだ（That's amazing）。カリフォーニアオレンジを齧る。香りが砂漠に漂っていく。コヨーテがその香りに感じて鳴く。アオーーーーン。また酒を飲む。酔っ払って朝までそこで眠る」

本物の売人かもしれないし、ただの旅好きのチンピラかもしれない。しかし、Kは何だかいい奴という感じがして、彼の相談には何でも乗った。反則に絡まる相談はなかった。

ベトナム戦争の話になったとき、彼はうれしそうに「俺が始めて女にナンパされたのはベトナム反戦集会の後だった。ちょっと年上の白人の女が声をかけてきて、そのままホテルに行って、翌朝までやりまくった。女に誘われたのはこの時だけだったなあ」としみじみと言った。

「女の旦那はベトナムに行って、もう一年以上休暇もなくて帰ってこなくて……という話で、それはすごかったよ」と言ってウインクした。Kは肘で彼の肩を小突きながら「ヘイヘイ」

というと彼はもっとうれしそうな顔をした。

ある日彼が「ガイジン、コーヒーが出る。飲むか」とインスタントコーヒーの小さな袋を一つくれた。技官室のお湯でインスタントコーヒーを入れた。とてつもなくいい香りが漂い、Kはちょっとうろたえた。

「これじゃモロバレだ」フーフーと冷まし、熱いコーヒーを三口で飲み干した。Kは一年ぶりのコーヒーに酔った。しばらくの間はカフェインのために、それに加えて「反則」のおののきのために心臓はドキドキと高鳴り続けた。

ラ・フェンテは翌年の春、「パロル」でアメリカに送還された。Kに約束どおり、ハワイから椰子の浜辺の絵葉書が届いた。宛名だけで、差出人の名前もメッセージもなかった。


初夏になるといつもの「裸踊り」は懲役にとって何の苦もなくなる。窓際の監視通路には少し開いた窓から気持ちの良い風が吹き込んできた。何百人もの懲役たちの裸を看守は注視しなければならず、仕事を終えた男たちの汗臭い裸に耐えなければならなかった。しかし、冬になったらどうするのか、とKは心配した。

中部七工場では毎日風呂に入れる。四時半に点呼があり、解散すると油や塗装の粉にまみれた懲役たちは、てんでんに風呂に入る。一五分交代で入る、というような規則があったらしいが、Kが工場に降りたときにはもうそういう堅苦しい管理はされておらず、ばらばらに自分のロッカー前で裸になり、ゴムぞうりに履き替えて風呂場に行く。一度に二〇人は入りそうな大きな鉄製の水槽に熱い湯がたっぷりと入っていて、湯気がもうもうと立っている。誰がどこに居るのかも良く見えない。蛇口から湯は出ないが、誰もが体を洗ってから湯船に入るので湯はそれほど汚れない。一級の懲役はすでに仮釈の近い者たちなので、髪を伸ばしている。彼らは自分の報奨金でシャンプー、Tシャツ、靴下などを買うことが出来た。風呂場で一級者の近くに居るとシャンプーを分けてもらえた。丸坊主に刈られた懲役にはシャンプーなど不要であったが、花王石鹸とは違う香料がシャバの感じを思い出させた。そのうち、洗車係り兼雑役をやっている「ネズミ」と仲良くなると、彼はどういう風に手に入れたのか、自分用のシャンプーのボトルを持っていて、それをKが使ってよいということになった。

ネズミはよく動くしなやかな体をしていて、あだ名のとおり小柄で、目先が利き、すばしっこいのである。いろいろ話をするようになるとネズミは泥棒家業だったらしい、とわかった。

ちびタンが二日酔いの時には技官室のベンチにうつ伏せに寝そべって、ネズミに按摩してもらっているところにKは時々出合った。Kが来ているのを気にする風もなく、「もう酒は飲まねー。全部捨ててやる」「うそばっかり」とネズミは胃の裏の辺りに拳骨の揉みをいれる。「うー」とちびタンが唸る。そんな冗談を言い合っては点を稼いでいるのだった。そんなことをしていても工場ににらみが利くのはちびタンの人柄なのだろう、とKは思った。

ネズミは修理車の受け入れ、スチーム洗車が主要な懲役業務であった。受け入れでは、本来看守が行うダンプやトラックの運転席の点検作業をネズミが請け負っていて、灰皿、座席の下、後部仮眠用ベッドの周りなどくまなく検査する、埃くさい仕事だった。目的はタバコの吸殻や週刊誌、などを廃棄すること。ネズミは灰皿の中の吸殻を看守の目の前で水の入ったバケツに空けて処分するのだが、運転席から地上にもどるまでの間に看守の死角をついて、形の良い吸殻をTシャツのなかに放り込み、まじめな顔で吸殻を正しく処分する。看守は雑誌やスポーツ新聞が運転席からぽんぽん放り出され、しかるべく処理されれば良いので、自分から運転席に上がり腹ばいになってよごれきった座席の下を調べるつもりはなかった。ネズミは週刊誌からグラビアのヌード写真だけをすばやく破り取って、ズボンの下腹あたりに突っ込み、車外に投げている。そうやってネズミは「ヤニ」を仕入れ、エロ雑誌のグラビアを工場内に流通させていた。

工場内では現金は全く意味がなく、実用品だけが価値を持っていた。あるときは「ウエス」のジーパンの後ろポケットから千円札が出てきたことがあった。平らにぴたっと張り付き、ボロ布屋の裁断でも気づかないでそのまま袋づめにされていたのである。誰も興味を示さず、看守に届けられ、看守のたばこ銭になった。交換価値のあるのは、石鹸、練り歯磨きのチューブ、シャンプーのボトル、一級者だけが購入できる新品のTシャツ、靴下などである。ネズミはいつも風呂上りに真っ白なTシャツを着て、風呂ではシャンプーを使い、どこかに石鹸やチューブを山ほど隠している、といううわさだったが、懲役にとって便利な調達係りなので「チクル」者はいなかった。

トトカルチョ

夏の高校野球の時期には工場でもトトカルチョが開かれて、賭けるのは石鹸だった。勝った者は何十個という石鹸をロッカーにしまいこみ、しばらく賭けの喜びに浸るのだが、毎月の捜検時に発見されて、石鹸の不自然な多さは反則の賭け事によるものと見なされ、没収されるのであった。新品の石鹸はもう一度購買部に戻り、懲役に販売され、やはり看守たちの小遣いになるのだと噂されていた。没収された懲役には賭けの勝利者の名誉だけが残る。それでも賭け事は続いているのだった。Kは野球に興味がないし、もともと賭け事はやらないので誘われてもにこにこして断っていた。

流通する実用品の中でもっとも価値があるのは「ヤニ」、つまりタバコだった。自動車工場にはアセチレンガスがあるので当然着火用のライターはあった。しかし、そのライターは火花だけで炎は出ない。その火打石とディーゼルの軽油で簡便なオイルライターを作って、タバコ用に隠してある。

タバコはネズミも見つけられなかったような意外なところから発見された一本物のハイライトであったり、投げ込みで塀の外からくる両切りピースの四つ切であったりする。先に出獄した仲間が示し合わせた場所にピース缶を一〇個くらい投げ込むのである。場所は自動車工場の場合、ジャンクヤードで、そこにはデファレンシャルギアや板バネ、タイヤのホイールなどが雑然と積み上げられている。投げ込まれたピー缶の数は見張り塔で数えて置き、翌日明るくなってから特警が手分けして探し、回収する。だがジャンクのなかにまぎれて、必ず二個や三個は見つからない。

Ｋは一度朝の点呼の後、教科書を抱えて食堂の階段を上がっているとき、ヤニが回されていた。その場所は技官室の反対側にあり、看守は工場側を見回っているころを見計らって、やっていたのだがＫはそこに偶然出くわしてしまい、差し出されるままに一服やった。断れば、チクるやつと認定される。

懲役のタバコは両切りピースの四つ切、一センチ位のものをロート状に紙を丸めたキセルに差し込んで、タバコの葉が無くなるまで吸い、煙は吐かない。ヤニそのもののきつい味で一年以上吸っていなかったＫは目が回った。吸い終わった者は階段を下りて洗面所に行き、歯磨きを歯に塗りこんで口をすすぐ。そうしないと吐く息で看守にばれてしまうからだ。Ｋはニコチンが効いて階段を真直ぐには降りられなかった。酔っ払いのように階段の壁伝いに両手を広げて降りた。

ネズミは床屋もやっていた。手先が器用だから、というわけでもなく、仮釈が決まったものと一級者だけが髪を伸ばしており、一般の懲役はバリカンで丸坊主だから腕はいらない。ロッカールームの隣に昔風の理髪店の椅子が一脚あり、それに座って白い布を首に巻きつけると、雰囲気は床屋であった。本人が刈って欲しいというときもあるし、看守が伸びているから刈ってこい、と命じるときもある。

散髪の時にはお互いにたっぷりと時間を使い、シャバでやっていたこととか、前の刑期、今度の刑期（府中は再犯刑務所）など苦労話を話す。未決の散髪は有料で、看守が立ち会うが、刑務所では看守は付かないし無料である。Kはネズミから網走刑務所の話を聞いた。冬にストーブは廊下に一個あるだけで、それは看守用で、房内は零下まで冷え込んだ、とネズミは言った。それに比べれば「中部七工場はシャバなみだぜ」、と言い、Kもそのとおりかもしれない、と思った。

ネズミはボイラーの係りでもあった。入庫するトラックのタンクから五リッターくらいを残して軽油を抜き、それをエンジンオイルの交換で出た廃油と混ぜて重油状にした燃料を作り、ボイラーで焚いた。午前中は受け入れと洗車をやり、午後になると工場中を走りまわって燃料を集めた。毎日の風呂のための燃料確保は大変だったが、ボイラーのパイプの老朽化も問題だった。ある日、ついにパイプに亀裂が入り、スチームが送れなくなった。工場には溶接の専門部門もあるが、スチームパイプは圧がかかるので、生半可な溶接技術では修理できないのだった。結局その日は、よごれたまま「公営」の風呂に行くことになった。Kは未決のときは風呂も一人用のものだったので、刑務所の集団入浴は中野刑務所での経験しかなかった。

工場区域の西の外れにある中部七工場は順番待ちで風呂場の前で待たされた。ほかの工場よりも油汚れが激しいので中部七工場は後回しになったのかもしれない。ほかの工場の懲役は二列になり歩調をとって「いっちに、いっちに」と掛け声をかけて風呂にやってくる。中部七工場の連中は掛け声をかけて行進するほかの工場の懲役をおぞましい目つきで見やった。中部七工場の懲役は工場を出るときも、舎房に移動するときもそういう掛け声はかけなかった。疲れてそれほどの元気も無い、というのが本音だが、懲役らしくやる気もなかった。看守も優良工場の連中に強制する様子もなかった。だから、中部七工場だけはいかにも風呂に行く工員風に、だらだらと歩いているのであった。

番が来て脱衣場に入る。裸になっても勝手に風呂場には入れない。合図でぞろぞろと洗い場に入ると、風呂場全体を見渡せる所に看守が一人いて、号令を掛ける。ジリリリッとベルがなり看守の「洗え」の大声で、足や股、尻を洗う。次にベルが鳴ると「入れ」の号令。二×一〇メートル程の細長い湯船に互い違いに向かい合って入る。湯の中で体を洗わないように、全員が親指を湯面から出している。Kは中野刑務所で経験しているから、自然とそうなった。反則者は即退場、というのだから反則するものはいない。三分計の時計が看守の席にあり、三分で「上がれ」の号令、全員が入った反対側の洗い場に上がって一斉に石鹸で体を洗う。これも三分である。洗い流すと「入れ」、三分温まり「上がれ」で終わる。いちいち号令を掛けられる気ぜわしさで工場の内風呂のように風呂でくつろいだ気分は全く無かった。ネズミのいうとおりだった。中部七工場には確かに懲役が大事にされている感じがあった。

翌日は腕の良い溶接工がスチームのパイプを修理し、またゆっくり風呂に入れる「日常」がK達に戻ったのであった。

3 Kの処遇は二級に

教育課の映画

刑務所の中にはあからさまな階級処遇がある。

下獄した当初は四級で、名前と所属工場を書いた丸い名札の縁は赤で、半年ほど「事故なし」で刑を勤めれば三級に上がる。「事故なし」とは特警（刑務所内警察）のお世話にならなかった、刑務所のシステムに抵抗しなかったということである。四級にはまったく娯楽がない。手紙の発信も面会も月に一回である。三級になるとそれが二回に増え、三〇分くらいのビデオテレビを見る集会にも参加させてくれる。一年以上無事故で勤めれば二級に進級する。自動的にではなく、工場での勤務状態も考慮されているようである。二級受刑者には毎週一回の面会、手紙の発信が許され、そのうえ月一回の映画会に参加できる。映画会では自分が刑務所で稼いだ「報奨金」の中から二〇〇円ほどの会費を払って参加する。映画の前にカップラーメンとみかん一個、というおやつが出るのだが映画会の会場は千人以上入る大講堂で、炊夫たちは一〇リットル入りの熱湯の入った薬缶を持って走り回る。湯が十分に熱いことはほとんどない。しかし、日ごろの二等飯の味気なさに比べるとチキンラーメンの味は格別で、ぬるい湯の中で、半分硬いままの麺も大変なご馳走だった。誰もが汁の最後の一滴まで飲み干し、みかんを半割にして二口で飲み込むと、映画が始まる。

映画は教育課が用意するが、かなり課長の好みが利いていた。Ｋがはじめに見た映画は勝新太郎主演の「かみそり平次」という捕り物時代劇で、週刊誌の連載漫画の映画化だった。この主人公が容疑者を責める方法が独特で、勝新の役どころはマラを鍛え、それで容疑者の女を責めるというものだった。マラを鍛えるシーンは、湯で温め、まな板（マラの形にへこみがついている）に載せ、木の棒で叩いて鍛える。硬く勃起したマラを砂の入った藁ずとに差込み、こじって鍛える。とにかく現実離れしたものだったが、懲役には受けた。

朝丘雪路の女盗賊が責められる場面では、彼女が船の荷揚げの網のなかに尻を剥かれて、吊される。網はすっと降ろされると「カミソリ」の勝新は下にいて、マラを上向きに待ち構え、ずぶりと女盗賊を犯し、何度か網を上下して、女盗賊が気持ち良くなったところでその網ごと女盗賊を回転させ、件の獲物で女を責めあげ、終に白状させる、という場面であった。千人以上の映画会場はとんでもない騒ぎになった。叫ぶもの、うなるもの、女の声色でよがるもの。

Ｋはあっけにとられながら、その場の楽しさの中にいた。

府中刑務所は「外人」の収容棟があり、外国人向けの映画（字幕付）が掛かるときもあった。うわさではアメリカ大使館が貸してくれたものと言われていた。その一つに、中年の男と二人の姉妹が何かから逃れ、車で旅する、いわゆるロードムービーがあった。上の娘と男は当然恋仲になり、一五、六の妹がそれに嫉妬しながら成長していく。それが切なくて可愛い。そういう映画だった。姉と男は最後に別れてしまい、妹がその男に気持ちを伝えるところでハッピーエンドになる。全体にロリコン的な雰囲気が漂っていて、B級映画ではあったが甘いソフトクリームを食べたような気分にさせられるのだった。

Kの記憶で、もう一本忘れられない洋画があった。「リチャード・ハリス」というイギリスの俳優が主演したアメリカ開拓時代の映画で、アメリカ独立以前のヨーロッパとアメリカ原住民の確執を見据えた映画だった。主人公はアメリカ東海岸に毛皮を採りに入ったイギリス人の船長。五〇トンほどの木造船を川に沿って内陸に入れて毛皮のためのテン、狐、ビーバーを採り、船が満載になったとき海へ戻ってヨーロッパに売りに行く、そういう狩人たちの物語である。

主人公はある夜営地で熊に襲われ、仲間は船長が死んだものと、見捨てる。ところが半死の彼は渓流のカニを食らい、落ち葉の寝床を作り、自力で傷を治す。ナイフを棒の先に結び、槍を作り、獣を採り、その毛皮で冬支度して山を下り、河口を目指す。一方、船一杯に毛皮を積んだ船は凍りついた川をロープ制御しながら滑らせて下り、海を目指していく。この場面は圧巻で、木造船が左右に張られたロープで制御されながら、凍った川、森の中を滑っていく……Kは見たこともなく考えたこともない光景であった。船長は河口にたどり着いて船員たちに合流しようとするが、船員たちは船長を殺して毛皮を自分たちのものにしようとする。

しかし、そこへアメリカ原住民が登場して包囲する。その威圧の下でイギリス人の略奪者達は全ての獲物を置いて去っていくのである。Kはこれほどはっきりとアメリカ大陸が誰の物かについて描いた映画を見たことはなかった。Kは刑務所という場でこういう映画が上映されること自体に驚いた。

何本か観た映画の中でもっとも観客を感動させたのは、「男はつらいよ」のフーテンの寅さんではなかった。こういうキャラクターは刑務所の中にはごろごろしているから、なのかもしれない。観客が声を忍ばせて泣いたのは山田洋二監督の「家族」であった。

物語は筑豊の炭鉱廃山の島から北海道へ入植する家族、井川比呂志の父親、賠償千恵子の妻、笠知衆のおじいさん、子どもは乳飲み子をいれて三人。おじいさんは福山の次男の家に引き取ってもらうつもりであったが、次男家族にその余裕は無い。

次男は家族を軽自動車にぎゅうぎゅう詰めで駅へと送る。「もう会えんかも知れんな」と言う父親の別れの言葉。家族は大阪へと向かう。次男が巨大なコンビナート地帯を抜けて軽自動車で家に帰る。運転しながら涙をこぶしでぬぐう。父親を引き取れなかった自分の不甲斐無さを泣く。観客も泣く。

家族は大阪で汽車の乗り継ぎ時間を利用してあわただしく大阪万博を見物する。田舎モノらしい律儀さが切ない。

東京に着くが赤ん坊が病気になり、上野の夜の町で宿を探し、いよいよ赤ん坊の具合が悪くなって、今度は夜の街で病院を探すが、手遅れとなって赤ん坊は死ぬ。暗いガード下で妻が泣き崩れる。宿代を節約したくて親父は翌朝役所に火葬場の手配を相談に行くが、二四時間経たなければ火葬できない。「一晩くらいは一緒にいてあげなさいよ」という役所の男の言葉は、父親にはあまりにもむごい。

げっそりと気落ちして「島へ帰りたか」と嗚咽する妻、なじる夫、「そげん言い方はなか」と息子を叱る父親。

小さなお骨を抱いて北へと向かう家族。青函連絡船では渥美清がチョイ役で出て笑わせ、汽車はさらに北へと向かう。車窓には残雪の残る北海道の原野。夜、寒々とした駅に降りたった家族。迎えのジープで案内された貧しい開拓小屋。これからの厳しい生活の予感。

一転して現地家族の歓迎会、おじいさんは歌う。

「えいさ、えいさ、えいさ、ぁ、つきがぁでたでたぁ、つきがぁでた、ア、ヨイヨイ、みいけたんこうのぉうえにぃでたぁ、あんまりぃえんとつーぅがぁたかいぃので、さぁぞぉやぁおっつきさんん、けむたぁかろ、サノヨイヨイ」

おじいさんは気持ちよく酔って歌い、その夜、床の中で死んでしまう。

神父の立ち会う、家族だけの寂しい葬式。

明るい日差しの中をトラックが行く。妻が妊娠したことが告げられる。冷やかされる夫。「カソリックなもんで……」と苦笑いする。広々とした北海道の原野をトラックが行くエンディング。無期懲役も、倶利伽羅紋紋のお兄さんも、学生活動家もみんな泣いた。ハンカチは無いのでジャンパーの袖で鼻をすすった。映画の後、いつもはがやがやと帰っていく懲役の列がしみじみとおとなしい。

毎月一回の映画会は二級者には楽しみで、一旦この楽しさを知ると、何かの反則で懲罰を受け処遇降格されるのが怖くなり、真面目に勤めるようになる。Kはそのことは分かっていたが、二階から行列を作って行進する木工工場の赤軍派・藤野と、講堂では並んで席に着きたかった。

Kは行進は二階が先で、自分のいる三階が後であることに気付くのが遅れて、行進中に三階列の先頭に出なくてはならなかった。行動までの長い渡り廊下を二列縦隊で歩きながら、腰をかがめて前へ前へと位置を移していった。三度目位のとき、突然襟首をつかまれた。後方から目を光らせていた看守がKを捕らえた。行進の列から引きずり出され、「貴様何をやってるんだ」と怒鳴りつけられ、講堂の入り口にある「びっくり箱」（簡易留置所。箱の中に横板が張ってあり、そこへ座って警備隊の呼び出しを待つ。正面扉は膝から下が外から見えるようになっている）に放り込まれた。真っ暗な箱の中で「ちょっと警備隊を甘く見たな」とKは反省した。映画会に行く列は入場が終わり、渡り廊下はしんとしている。「何時まで待つのかな。早くしないと映画が始まってしまう」と暢気にかまえていた。扉が開き、ちょっとえらそうな看守が「何をしたんだ」と聞く。Ｋは「列を乱しました」とはっきりとした声で言う。看守は「ふん」と言ってまた扉を閉めていってしまった。Ｋは一時間たつ頃には覚悟を決めた。映画は見られない。

次の問題はどういう取調べがあるかだ。映画が終わり、舎房に戻される懲役の列が通る。こちらを見て何か言うものがいる。看守が「列を乱すな」と怒鳴りつける。列が乱れているということは、その列を警備する看守自体の怠慢として上司から見られるということだった。列は全て通り過ぎ、看守達が各舎房からも戻って来る気配がして、Ｋは「出ろ」と若い看守に言われ、箱の外へ出る。直ぐ脇の看守詰め所の引き戸が開いていて「中へ入れ」と声がする。入ると、十人以上の看守がコの字型に待ち構えていて、Ｋは入り口の椅子に座るように命じられた。

正面の看守から

「称呼番号」

「三九七番」

「工場」

「中部七工場」

「何だ、優良工場じゃないか」

「はい」

人定質問があり、それが終わらぬうちに右側の太った看守が怒鳴り声を上げた。

「何で勝手に列を移動したんだ！」

「すいません」

「すいませんじゃない！　なんで列を乱したんだ！　優良工場にいるからお前はなめてんのか！」

「申し訳ありませんでした」

「何で前に行こうとしたんだ」

「知り合いがいるように思ったものですから」

「ガテでもわたそうとしたんじゃないのか」

「そうではありません。ちょっと挨拶しようと思って」

「ばかやろう。シャバじゃねえんだ。反則になることくらい分かっていたろう」

「分かっていました」

　Kは自分が藤野の後ろに付こうとしていたことがばれるのではないかと気が気ではなかったが「知り合いは誰だ」とは聞かれなかった。ひたすら反省の様子で返事をし、背筋を伸ばし、うなだれて恭順の意を表した。奥の看守数人が顔を寄せて話をし、怒鳴りつけた看守はじっとKをにらんでいる。Kは視線を下にそらした。獣の目を見てはいけない。大勢の看守としか見えなかった看守達の中に中部七工場のバーロウがいた。彼が、相談している数人に声を掛け、話は終わった。

　「二度とするな」と判決が下り、Kは釈放になり、看守一人をお供にして独居房へと帰った。独房の扉がガシャンと閉まり、Kはほっとため息をついて「あぶなかったな」とつぶやいた。直ぐに夕食の配当が始まり、二等飯とうす甘くうずら豆を煮たスープを交互に食べながらKは思った。「多分バーロウが一言いったのだろう、訓練生だから穏便にとか言ってくれたのだろう」とも思ったし、「まあこれくらいで良いでしょう。後でよく言っておきます」といったのかもしれないとあれこれ考えた。本物の反則処分であったら、中七には戻れないところだった、とも思った。

腹が一杯になるとまた別の考えが浮かんできた。二階と三階の列を月ごとに交互に前にしている。座る席がいつも後ろだ、という不満を避けるためであろう。二階が先の時は藤野が最後尾に並び、それを三階から見てKは先頭に並べば良い。三階が先の時には後ろに並べばよい。独房から出て整列する時にはざわざわしているから列の前に出ようが、後ろに並ぼうが問題にはならない。解決策はこれしかない、とKは反省をまとめた。

赤軍派活動家

秋になり、受刑者全員の大運動会が開かれた。そのようなものがあること自体知らなかったKは面白いとも、つまらぬ「慰撫政策」とも思った。中部七工場、掃夫、炊夫、など限られた懲役以外は作業場に釘付けになっていて、グラウンドで走ることが出来るのは週一回の「運動の時間」だけなのだから。

一ヵ月前から練習が始まった。昼休みに工場内の直線五〇メートルを「よーいドン」で走らせ、出場選手選考をやった。出場しない年配の懲役たちはにぎやかしに「山車」を作ることになって、リヤカーにバッテリーを積み込み、ダンプから取り外した派手な電飾を飾りつけ、赤、青、黄色にチカチカとまたたくように配線した。所詮、電源は一二ボルトで、昼間の電飾としては、あまり効果は出なかったが、作る準備期間が楽しいのだった。

Kは五〇メートル走で良い走りをした。他の自信のある連中はさっさと運動靴に履き替えて走った。Kはつなぎに安全靴のまま、ドカドカと走り、それでも工場の中ではいつも一、二を争うような力強さだった。

運動会当日にKは藤野に会った。藤野からKを見つけて近づいてきた。

藤野はKと同じくらいの背丈で、人懐っこい笑顔が魅力的な感じの男だった。異なった党派、「他党派」関係の緊張感もなく、Kに笑顔で話しかけた。「Kさんでしょう。ガテは届きましてン」と大阪弁の響きで言う。「藤野さん。ありがとう。もらいました」藤野はツテがあってガテ(手紙)を出したが、無理に返事を出そうとすると、両方が上げられてしまうので、返事は要らないと書いたのだと、事情に通じた口ぶりで経過を話した。自分は木工工場にいて、まずまずうまくやっている、そちらはどうか。Kは中部七工場での暮らしをかいつまんで話した。整備作業で汚れるので、毎日風呂に入るのだ、とKが言うと藤野は「ほんまに、ほんまに」と感じ入ったように相槌をうった。娑婆の話もした。政治の話はわずかで、語る時間もなかった。

徒競走が始まり、勝った選手を出している工場の観客席から歓声が上がる。藤野は「そろそろ出番やから」と立ち上がった。「一五〇〇メートルを走るのか、大丈夫なのか」と言うと、「わからんけど、まあ見とって」と軽く笑ってスタートラインのほうに走っていった。

一五〇〇メートルレースでは藤野は二位を五〇メートルも引き離し、軽々と一位になり、木工工場のグループは興奮して大騒ぎをしている。Kは四〇〇メートルに出ることになっていたが、ここ二年間位はそれほど長く走ったことはなく、自信はなかった。しかし、懲役の条件は似たようなものだから、何とか勝てるかもしれない、とも思った。

Kはスタートして一周二〇〇メートルを力強くトップで回った、しかし三〇〇を超えた時、突然エネルギーがなくなったように足が上がらなくなり、スピードが落ちた。最後の五〇メートルで三人に抜かれ、四位となった。中部七工場の席に戻ると、ちび担がはにかんだように上目使いにKを見た。強い選手は工場対抗の試合では、担当の自慢なのだった。Kは申し訳ない、という雰囲気でちび担に頭を下げた。

運動会は五〇〇人位が参加していて、七つの工場の選手と応援団で娑婆の運動会の形をしていた。違っているのは全員がねずみ色のジャンパーか、白いTシャツを着ていて、周囲に看守が立っていることだった。全く「色彩」がない世界なので、女物の衣装を着た二、三人の一団が、注目を集めた。グラウンドを回り、各応援席に愛想を振りまきつつ、中部七工場の席に近づくと、なにやらシナを作ったり、投げキッスをしたり、一応白塗りにしていて、遠目には女性に見えていた一行は、凄い厚化粧のオカマチームなのだった。観客席からの「やらせてー」という掛け声に、ぱっとスカートの前を捲り上げた。毛むくじゃらの下半身とだらりとなまこ状のペニスがむきだしになり、懲役たちはころげまわって大笑いするのだった。

運動会が終わると、急に秋が深まり、洗車場のスチームが噴出す湯煙が大きく、白く目立ってきた。訓練生は翌年二月の三級整備士国家試験に向けて、模擬試験に取り組み始める。エンジンの講義は最終実技として、ダットサンの古い一二〇〇ｃｃエンジンを完全分解し、シリンダー内径測定、ピストンリング、ピストン、バルブ系の磨耗測定をし、メーカーのオーバーサイズ部品との交換が必要かどうかの判定をする。クランクシャフトのベアリングをばらし、磨耗度を測定し、交換が必要かどうか判断する。ラジエータのペレット式サーモスタットの開弁温度を測定し、基準温度で開くかどうか確認する。その他ありとあらゆる部品をばらばらに分解して、その精度、機能をテストして記録し、また組み立てる。組みあがった時にエンジンがかかると、訓練生は皆歓声を上げ、自分たちの腕もまんざらではない、と言う自信を持ったのだった。

Kはこの後、大型車の班から、一斑しかない乗用車の班に移動になった。乗用車は、輸出用トラックと違って看守や知り合いの車を持ち込んで車検を通す作業であった。いわば「シャバで通用する仕事」についたのだった。乗用車はダンプに比べて一つ一つの部品がおもちゃのように小さく、軽く、可愛らしかった。Kは仕事を楽しんだ。

秋も寒さが身にしみるようになった頃、大型トラック四台の納車が間に合わないことが分かり、残業になった。刑務所に残業がある……というのもおかしな話だが、Kには興味深かった。いつもは四時半には風呂に入っているのだが、この日は、食堂で早飯を食い。また現場に戻った。六時には日が落ち、周りの工場が真っ暗になっている時、中部七工場だけがコウコウと明かりをつけ、看守も三、四人増強されて、残業をしている。

Kは乗用車の車検整備なので、何も納期を急ぐことはなかったが、全員が残業なので、自分はFF車のフロントアクスルのブーツ交換に取り掛かっていた。ジャッキアップして「馬」をかい、寝板に寝そべって上向きでジョイントを外す。上向きであるだけでなく、両手ハンマーのストロークがとれないので、何度も「がんがん」叩かなくてはならないキツイ作業であった。ふと頭の向こう、車の反対側を見ると黒い編み上げ靴が見えた。ピカピカに磨いてある。応援の警備が何か言い出しそうだな、とKは思う。

「がんがんがんがん」と息を詰めて四回叩き、息を整えていると、「おい」と声がかかった。Kはふた呼吸おいてから、足でガラガラと寝板を引き、車の下から出ると立ち上がった。背の低い高校を出たばっかりのような看守がにらんでいる。

「何をしてるんだ」

「ドライブシャフトのブーツ交換で、ナックルジョイントを外しているんです」

「？？？」

「この車はFFなので、フロントドライブシャフトにブーツがあって、それが破れているんです」

「？？？」

　Kは右手のこぶしをぐっと出し、看守はちょっとたじろぎ、Kはそのこぶしを左手の手のひらで包み、「エンジンから回転力が来て、タイヤの方に伝える時に、タイヤはニーアクションで動くので、ジョイント部はこういう風になっているんです」と右手を上下に動かしてナックルジョイントの作動を見せてやった。

「この動くところはベアリンググリースをつめてあるので、ゴムのブーツが被せてあるのです。これが破れていると、グリスが流れ出してジョイントが過熱するので、車検には通らない、それで交換が必要ということで……」

「なんで叩くんだ」

「ジョイント部はすかすかでは走るときにがたがたしてしまいますから、きっちりカンゴウしてあるので、叩かないと外れないのです」

「外からブーツは外れないのか」

「外さないで交換できれば良いんですが、まだそういう部品がないんです」

「ふーん」と言って看守は立ち去った。完全には理解していないようであったが、「叩いている理由」があることは分かったようだった。

六時半になるとベルが鳴って、全員整列し点呼。風呂へ入るのかと思うと食堂へ上がれという。上がってみるとテーブルに給食のコッペパンのようなものが載っていて、看守が「夜食、はじめ」という。パンの間にはうす甘い小豆のアンがたっぷり入っていて全体としてものすごい大きさだった。わくわくするくらい嬉しいのだが、さっき二等飯を食ったばかりで、とてもこのもそもそしたアンパンは食えそうになかった。わら半紙にさっと包んでつなぎの中に入れ、どかどかと安全靴の音をさせながら風呂場に向かう懲役が二、三人出ると皆がそうしてパンを自分のロッカーに放り込み風呂場に向かった。

整列点呼の時、誰もが今日は良い仕事をしたという「残業」の娑婆っ気にひたって、にこにこしていた。

仕事納め

暮れになり、二九日の仕事納めの日には昼飯の後、カラオケ大会（厳密にはオケはないからアカペラ）の宴会になった。それぞれの懲役が娑婆っ気たっぷりに自慢ののどを聞かせた。Kは歌謡曲を歌う趣味がなかったが、それなりに懲役の思い入れ深い歌いっぷりを楽しんでいたが、ちび担が「おい、ジャンボ、お前も何か歌え」と言ってきた。Kは「歌といっても、俺の場合はインターくらいしか歌えないから」と断ると「それでもいいから歌え」と言う。Kは工場の業務連絡用マイクを手に取り、インターナショナルを歌った。

立て
飢えたる者よ
今ぞ日は近し
醒めよ　わが同胞《はらから》
暁は来ぬ

スピーカーは整備工場全体に聞こえるように設置されていて、その音は隣の工場にも響いていた。Kが後ろを振り返り、外を見ると、隣の工場の懲役たちが窓に張り付いてこちらを見ていた。Kは心の片隅で「官許のインター」「こういうのはちょっとまずいんでは」と思いつつ最後まで歌い、中部七工場にはお義理の拍手が鳴った。

正月は退屈だった。Kの予想通り、正月用「ギンシャリの折詰」は冷たく、まずく、ゆっくり三回に分けて食べた。シャバにあるものの真似事はすべて偽物ラシサばかりが鼻につくのであった。ここは刑務所。Kにとって刑務所らしいものだけが何か意味を持っていた。

年が開け、工場の暮らしが戻ったある日教育課から呼び出しがかかった。迎えの看守に「何ですか」と聞いても何も答えない。「何かやったのか」と仲間の懲役は聞くが、Kに心当たりはない。木造ペンキ塗りの小屋のような建物の中に教育課はあり、入り口の水バケツにタバコの吸殻が大量に放り込まれてあり、そこが懲役の工場ではなく、「官」であることを示していた。

教育課長が、Kに昨年「投函」した年賀用の手紙を示し、「ここに『ふた山越して、あとひと山一回越せば帰れる』と書いてあるが、お前は外にヤマがあるのか」と聞いてきた。Kは何のことやら分からずに黙っていると、「身上書」のつづりを開き「お前は羽田事件一年二月、東大事件三年、四年二月の刑だな」と確認する。

Kは「確か三〇〇日の未決通算があると思います」と答える。

「そうか」とじっとつづりに見入って、「王子事件もあるな、八月の懲役だ」とKの顔をじっと見る。

「それは執行猶予期間を過ぎているので、加算されないはずですが」

「うむ」とまた身上書に見入る。

「何で『ヤマを越した』と書いたんだ」

「単純に二年経った、もう一年だ、と言う意味です」

「何で『ヤマ』という言葉を使ったのだ」

「私は家内と昔、山の縦走をしたことがあり、一つこぶを超えてもまた次のピークがあり、往生した経験があります。そのときの感じに似ているので山と書いたのです。他意はありません」

教育課長はまたしばらく「身上書」に見入る。

急に顔を上げると「ご苦労だった、帰って良い」と言い、看守を呼んだ。

送りの看守は「何だったんだ」と興味シンシンで、Kの顔を覗き込むが、Kは彼に面白いようなことはまるでないこと、「何か検閲が手紙を誤解したみたいで……」と答える。看守も鼻白んで「そうか」と言い、黙って中部七工場まで歩いて帰った。

ちび担も教育課から電話連絡を受けているらしく、何も聞かず、Kは現場に戻された。

憤怒は舎房に帰ってから沸きあがってきた。

正月に届くように書いた手紙を、二九日に「問題あり」箱にほうりこんだ検閲係がいて、正月が明けて教育課の役人が確認して課長面接になった、そういう様子がうかがわれた。直接、検閲をしたのは「教育課勤務の懲役」なのだ。この懲役にKは憎悪を感じた。「犬」だ。「山」という何の変哲もない一語に反応するように仕込まれた「犬」。かつて「社会」という言葉が「社会主義」と混同されて特高警察が駆け回っていた時代と同じなのだった。検閲は東大闘争裁判未決の東京拘置所（巣鴨）でもKは嫌というほど味わっていた。謄写版インクで黒塗りにされた手紙、全く意味を成さなくなった手紙。いずれ出獄時に無傷で受け取りたかった……と思うそうした手紙の数々を思い浮かべていた。組織の発行物の写真に至っては、インクを塗っただけでは透かしてみると陰影が見える恐れがある、とばかり紙やすりでグラビアをこすり、黒インクを塗りたくっていた。憎悪をこめた黒塗り、何も伝わらない、ただ検閲の黒塗りの熱心な仕事振りだけが伝わる三年前の未決独房をKは思い出さざるをえなかった。

思想・信条の自由、表現の自由、親書の秘密、どれもがない日本の未決監獄、そして懲役刑とはそういうことである。この国では明治時代からの「監獄法」によって懲役を「懲らしめる側」は守られており、「戦後民主主義」はどこにも見当たらない。戦後はここにはなかったのかもしれない、とKは思う。

春先には移動がある。懲役の世界でも同じで二月の声を聞くと、あちこちの刑務所から訓練生や新入が移送されてくる。いままでの日常に新しい懲役の緊張感が加わる。その中に加藤益男がいた。

「ますお」ではなく「えきお」らしかった。美空ひばりの弟である。雑居では取り巻きが多すぎるので独居に移されてきた。刑期は拳銃の所持で三年の刑だったが、すでに未決で一年以上済ましていたので、あと半年で仮釈申請だと、そればかり気にしていた。工場では部品、工具管理室でデスクワークとなった。ちび担は、Kに「独居のきまりをいろいろと教えてやってくれ」と指示した。「運動に引き込んじゃ駄目だぞ」と真顔で、念も押した。Kは「遊び人」をあずけられて「子分になりそうもないおれが選ばれたのだな」と理解して苦笑した。あまりに子分になりたがる懲役が多すぎるのだった。

彼はれっきとしたやくざで、横浜では一応一家を成していたらしい。独居から更衣室、工場への行き帰りには「おじき」「おじき」と頭を下げてあいさつするやくざが何人もいた。行き帰りが彼にとっては花道のようなものだった。工場でも昼休みには一〇人くらいの懲役を集めて自分がいかにもてたかを語って聞かせる。自分でもおかしいところではけらけらと陽気に笑い、とくに有名な歌手や女優と寝た話はうまかった。「誰とやったかわからなくなっちゃうからさ、ティッシュをこよりにして尾万個に立てるのよ」「クジラ取りみたいな景色さ」。

感心したのは話のくくりに「おねえが有名だから安心してやらしてくれたんだよな」と言ったところだった。自分の立場が良く分かっている男だ、と思った。

風呂では背中から二の腕にかけての彫り物を自慢した。自慢するだけのものだった。金太郎がおおきな鯉にまたがって見得を切っている可愛らしいものでほとんど出来上がっていた。色は半分くらいだが中肉中背、色白の肌に見事に映えていた。

映画会などでは大変だった。雑居にいるやくざどもが五人も一〇人も立ちあがって「おじき！」とあいさつするので看守はそういう連中を叱るのが忙しかった。しかし、当然のことだが加藤本人をしかることはなかった。半年ほどこうして親分風で陽気に勤めていたが、あるとき不幸な出来事で、吸い込まれてしまった。

彼を慕う半端なやくざが、渡すつもりのガテを落とした。地下通信はあて先を書かず、何人かを間に置いて誰から誰へと繋いでいくのだが、この男はあて先を書いていた。書いた男は白を切ったが、あて先の加藤の方が上げられたのだ。

「風の便り」に老人ばかりが集められている「雑巾縫い」の作業場に送られた、ときこえてきた。有名人も大変だな、と皆が同情した。

連合赤軍浅間山荘

Kは赤軍派・藤野との定期的なミーティングに成功していた。月一回の映画会のときに、二階独居にいるKは、一階で整列している藤野の位置を確かめ、彼が先頭なら自分は最後尾に、後ろなら自分は先頭に整列する。一階が先、二階が先と大体交互に入場順序が変わるので、間違いなく彼と隣り合わせに座れるのだった。

Kは彼と約一年間、つまり一二回くらいは話ができた。映画も観ずに、下を向いて声をひそめて話す。

Kは公然活動をしていたが、非公然活動の場面では多分三倍の活動費が必要だろうと思っていた。連合赤軍の場合、組織的、財政的基盤が整わないうちに武装闘争に入っていったので資金的に行き詰まり、M作戦のような粗暴な資金強奪に走らざるをえなかった。集金システムは非合法活動家一人当たり五〇人から六〇人のシンパから定期的に集めることになると、資金係りが必要になる。資金係りは、新聞（機関紙）の定期購読代を集めるのにとどまらず、機関紙に書いてはいない政治状況、闘争の進展状況を語り、「講演料」を一万円以上取れるようなオルガナイザーでなくてはならない。資金係りには非合法・武装闘争と思想的な連帯性が確保されなければ不可能である。それは容易なことではないこと。二人はこれからの活動家の資質について、真面目に話し合った。それは、言葉にしない部分が反省であり、語ったことは希望であった。

四回、五回と映画会での会合が重ねられていくと、おのずと話題は連合赤軍のことになってくる。Kは語った。

浅間山荘立てこもりが起きた時、Kは洗足の実家にいた。Kは破防法被告団事務局と支援組織「破防法裁判闘争を支える会」の事務局長でもあった。誰もがKを下獄までの間の中核派常任であることは知っていた。弁護団会議にさらぎ氏も来ていた時期があり、あるとき「Kさんのような人が弁護団の世話をしているのですか。Kさんは第一線の人でしょう。おたくは人材が余っているんですか」と皮肉を言われたことがあった。さらぎ氏の党派は凋落しつつあり、久保井氏はすでに市井の人となっていて、破防法裁判闘争を支え、運動化していけるのは中核派だけであった。「支える会」は浅田光輝氏を代表に丸山照雄、白井健三郎、高尾利数、といった常任世話人によって各界を網羅し、もともとブントシンパとみなされていた浅田氏はH氏の直接オルグでこの役目を引き受けたのだった。狭い事務局の会議室で彼らがどのように裁判の情報発信をしていくのか相談している様子は、左翼、リベラリスト、仏教系、キリスト者、と明治後期の社会運動の編成そのものであった。浅田氏は全ての裁判の傍聴とその記録の発表、弁護団会議への出席、「支える会」集会での演説と全ての場面を百パーセントこなした。破防法発動と治安維持法のダブルイメージはそれほどに強烈であったのだ。

しかし、事態は急激に進んだ。

連合赤軍の活動は非公然であったので、「事件」となった時はじめて武装闘争の準備に入っていることが世間に知られた。はじめは浅間山荘をめぐる立てこもり攻防戦としてテレビで報道され、たてこもりが二日目にはいった朝、浅田氏からKに電話が入った。

「浅間山荘の状態を見捨てて置けない。救援センターの一員として一緒に来て欲しい」

私はためらい、返事を保留してH氏に連絡した。彼は言った。

「救対部じゃだめだ。行くなら中核派として行け。何でも良いから武器を持って行け。それなら行く価値がある」

Kは「武装して行け」という意味が分からなかった。これまで武装というのは大衆的な結合と言う意味だった。しかし、そういう集団を糾合する時間はあるのか、と言うようなことを考えた。

もしも、本社で「浅間へ、武装して浅間へ」と叫んで、いったい何人が来るだろうか。逆に党派性を疑われ、たたき出されるのがオチだろうとも考えた。Kはびびっていた。〈一人でも行けって事か〉〈起爆剤として、一人でも行けということか〉

一人で行くのは嫌だった。そういうものではない、と思った。銃撃戦のただなかにゲバ棒、白ヘルで登場してもそれは漫画だろう。戦闘に耐えられる仲間が「破防法裁判被告団事務局」に何人いるというのか。

死ぬかもしれない。その覚悟はなかった。

Kは浅田氏に電話した。

「申し訳ない。体の調子が悪くていかれない」

そう言っている自分が恥ずかしかった。こんな破廉恥な言い訳をしたのはKの人生で初めてだった。

それしかなかった。仕方なかった。

浅田氏は電話口で感情をこめずに「そう、仕方ないね」とだけ言った。

数日後、山荘は機動隊の手に落ちた。マスコミの報道は山荘の攻防戦から山岳拠点での「総括」＝同志虐殺報道に移っていった。

Kは H氏に会って言った。

「武装して行けってあれはどういう意味だったんですか」

「そのとおりの意味さ」

「そんなことしたら、自分が総括されてしまいますよ」(軽く、逃げのつもりで総括と言った)

「お前が総括するんだ」

「えっ、総括って」

「文字通りお前が言った意味での総括だよ」

「…………」

「彼らはわれわれよりも先へ行った。武装するために、つまり敵を倒すために自分たちの中の何が問題か、何が邪魔になっているのかをつきつめた。われわれはブルジョア社会に生活している。日常の情報は全て彼らに管理されて、自分たちが武器をとって支配者・抑圧者を自分の手で殺戮し自分を解放していく道を見失っている。武装するとは自分も死を受け入れることを意味する。しかし、ブルジョアヒューマニズムは人を殺してはならないことを教えた。そうした自分自身の垣を超えない限り、敵は打てない。自分自身の中のブルジョア的な倫理と、ブルジョア的な腐敗を乗り越えない限り革命の軍隊は作り出せないことを彼らは示した。

総括は必要だ。必然ではない。必要なのだ。やらなきゃできない。芯まで腐りきって、口先だけで革命を語り、指導部づらをする輩はどこにでもいる。わが党の中にもいる。だから純化する必要がある。それを彼らは総括というやり方でやった。総括はわが党にも必要なんだ。リファイン……党の純化……これだ」

連合赤軍と総括の問題は社内ではほとんど議論されることはなかった。党の機関紙で報道することもなく、公式的には「ノーコメント」とした。様々な批判点はあり、もとより彼らは他党派であるから全面的にその失敗をあげつらうことは可能だった。しかし、「前進」では一切の批判を行わないことにした。

「批判すれば党内に武装反対の右派を醸成することになり、ストレートに連合赤軍の積極的な意味を打ち出せば、社会的な袋叩きにあうことは目に見えており、結果的にはそれを跳ね返す武装への論理が形成されていない現在では、やはり組織内に右派を醸すことになってしまう」というのがその理由だった。

連合赤軍問題は、失敗に終わったにせよ、死を賭して「革命党の武装」という避けられない課題にぶつかっていった革命家たちの志があり、どのような批判（たとえ左からの革命的批判）にせよブルジョアジーの驚愕と恐怖に突き動かされた「革命運動の末路」「同志殺害の非人間性」という大合唱の前に、同じ批判者として同一化されてしまうのは明らかだった。

Kはこの政治的対応は正しかったと思ったが、H氏が「党のリファイン」といったときの「総括の必要性」は党内でどのように展開されるのか、誰がどのように問題提起していくのか難しい問題だった。

Kは救対部、諸戦線キャップとして、組織会議において連合赤軍を批判しないことの「消極的党派性」の意味を語った。左翼ぶって「連合赤軍の稚拙」をあげつらう党派、人士にたいする思想的優位性をひとまず確保しなければならなかったのである。

藤野は「マル中（中核派のこと）があとに続く、という期待は何となくあった」とポツリと言った。Kは後先の問題よりも、本格的に、つまり勝てるような闘いの準備はまだ整ってはいないことを知っていたので、「まだ時間がかかるだろう」と言い、「出たら、サルベージして関西での再結集を狙うのか」と問うた。

藤野はいう。

「やはり連合赤軍の総括問題が壁になるだろう。それが突破できなければ、再結集もないと思う」

二月になり、三級整備士の国家試験の日はえらく冷え込んだ。Kは過去問題集を一冊解いて、おおよその見当はついたので、落ち着いて試験に臨んだ。外部からの試験官二名と、中部七工場工具室の職員の三人が立ち会って試験が開始された。工場の職員は親切にも、見回りながら間違っているところを指差して教えてまわった。Kにも答案用紙の誤っているらしい解答を指で指して、教えた。だが、Kは直さなかった。必死の思いで取り組んでいるほかの連中に教えてやって欲しかった。

一ヵ月後、全員の合格が発表され、食堂で卒業式があった。成績が一番のアベッチョが総代になって、卒業生の言葉を述べた。Kは二番だったらしく、やはり儀式的な講師陣への感謝文を述べるように指示された。総代にならなくてKはほっとした。それはほかの受講生にとっての方がずっと価値がある、とKは考えていたからだ。

Kは卒業式の後、「自動車工学」という専門誌を定期購読する申し込みをした。修理屋になるのも悪くはないな、と、ちらっと思った。

4 パロルまたは非戦宣言

一九七五年三月一五日　読売新聞朝刊

まだ池袋東口の佐藤ビル二階にいたころ、「みんなやられたら、ここにいる指導部でL社（解放社＝革マル派の公然拠点）へ突入しようぜ」とH氏が言った。PB（政治局）の何人かは笑った。その冗談を聞きながら、Kはその時「俺は一緒に行くだろうか……必ず行くだろう」とまじめに思った。

また別のところでH氏が言った。

「ホーチミンなくしてベトナム革命はなかった。カストロなしにキューバ革命はなかった。体制側は代替の指導者が用意されている。体制というのはそういう準備ができている。しかし、反体制側には代替の利く指導者はいない」

一九七五年、三月一五日。

昼食の後の食堂はK以外に誰もおらず、静かだった。読売新聞朝刊、第二社会面に「内ゲバ」という見出しがあり、顔写真が載っていた。「本多革共同中核派書記長死亡」のサブ見出しが目に入った。

Kの頭の中には言いようの無い、驚きと恐れが渦巻き、その新聞のページを開いたまま、凝然と食堂のベンチに座り続けた。気持ちは憤怒へと高まり、いろいろなことが考えられた。

「いったい、どういう非公然態勢をとっていたのだ」

「どうやって彼らは彼のアジトにたどりつけたのか」

「防衛隊はついていなかったのか」

「自己防衛のための武器を持ってはいなかったのか」

「反撃はできたのだろうか」

「怪我人が書かれていない。ほかに誰もいなかったということか」

記事は「内ゲバ」の陰惨なさまを報ずるだけで、何も具体的な情報を得ることはできなかった。

「彼らは彼を確実に殺すために多分、刃物を使っただろう」

「トロツキー暗殺のようにピッケルを凶器にしたかもしれない」

「農林年金会館での襲撃とは質が違う、暗殺のための襲撃だ」

読売は顔写真すらまともなものを掲げずに、全く判別不能な、よく見れば「めちゃくちゃにつぶされた顔」と見えなくもない写真を載せていた。

「これは警察発表の遺体の写真なのか」とKは凝視した。H氏の片鱗もうかがえない。人の顔とはわからない写真を掲載した新聞社の悪意すら感じた。怒りが渦巻いてくる。

「こういう扱いはなかろうぜ」Kは口の中で言う。

Kが気付かないうちに背後に工場長が立っていた。

「お前の知っている人か」

「私の組織のリーダーです」

「そうか。親しかったのか」

「……兄のような人でした」

「忌引きが三日とれるから、免業にしてもいいぞ」

「……舎房に一人でいるとかえって気がめいると思います。工場に出ますよ」

「そうか。あんまり考えすぎるな」

「……はい」

工場長は別に思いやりでそう言ったのではないことはKには分かっていた。思いつめて脱獄を図るようなことがあってはならないから、懲役の心境を尋ねたまでなのである。

Kは、暗殺、復讐戦、という一連の連想から現実にひきもどされた。現在シャバで進行し、自分が獄中で耐えている現実はいわば「戦時状況」であるという現実感がひしひしと戻ってきた。

Kは新聞のそのページを開いたまま、じっと考え込んだ。悲しみは耐えがたかったが、涙は出なかった。冷徹で、乾いた兵士の顔になっていく。そして、あと二年という長い懲役生活の中で自分はどうやって自分でありつづけるのか。自分は何をやらなくてはならないのか。

一刻も早く、あの戦線に戻るためにはどうしたらよいのか、虜になっている焦燥感がわきあがる。

昼間は良かった。こなすべき作業があった。

五時すぎ、舎房着に着替え、独居房へ送られ、夕飯の配当を食べる。それからの時間が長かった。三月いっぱいは寒気が残っているので午後八時には「就寝許可」となる。ふとんに入って暖を取る。Kは日記をつけていたが、内容は工場での作業内容や、自動車工学の学習内容に限っていた。月一回の舎房捜検で日記は持ち去られ、教育課によって内容が調べられている。Kは何を考えているか、一切文字にしてはいなかった。Kは日記をつけ、その日の作業の内容、問題点、翌日の作業進行の見通しなどを書き記し、ノートを閉じる。Kは机に向かったまま、本を読む姿勢で「戦争態勢」へと駆け戻った。

「俺は守りきった。お前たちはいったい何をしていたんだ」とKはつぶやく。

くりかえし、農林年金会館での弁護団会議襲撃の場面を思い出した。

血の記憶　――破防法弁護団襲撃

月一回ほどのサイクルで破防法弁護団全体会議が設定されていた。裁判のスケジュールに準じて、「次回法廷における攻撃防御」つまり法廷戦術を決めるための会議であるから、井上正治主任弁護人の予定を優先し、主だった弁護人、弁護団事務局長小長井氏、「支える会」世話人浅田氏、などの予定と調整し日程が決められた。「支える会」事務局長であったKは、被告側の参加人数を確認し、弁護人の出席数をもとに会議室を手配した。年二回の合宿も設定した。「戦術」レベルの会議では尽くせない、治安維持法、憲法、日米安保体制、という破防法を構成する国家論的要素の検討は「合宿」の形をとる必要があったのである。

農林年金会館で、一月一三日午後からの会議は三〇人近い弁護団、被告、事務局員によって運営され、一四日午後は二日後の公判準備に費やされ、終了予定午後三時を四時に延長して最後の詰めにかかっていた。

Kは襲撃の後で気付いたことがあった。

女の二人連れが「〇〇さんの集まりですか」と会場を訪ねるふりで受け付けに立ち寄ったことである。

あれが敵対党派・Y（革マルのこと）のレポだったのだ。三時の休憩時間中にKは受付や別室の防衛隊を見回ったときに、このことを見逃した。このレポが去って数分後に襲撃が始まった。別室にいた防衛隊の出動は襲撃者の二手に分かれた襲撃によって封鎖され、南側に大きなガラス窓のある会議室へと襲撃者は突入してきた。

Kは会議室の入り口にいたが、一〇人程度の襲撃者の壁に向かって突進すると、あっけなくその壁を突き抜けてしまった。襲撃者の背後に回ったものの、武器は何も無く、Kは会議室の向いにあった調理室へ何か役に立ちそうなものを取りに行った。が、調理室には鍵がかかっていた。

Kは会議室に戻らなくてはと襲撃者の襲撃の壁を後ろからもう一度潜り抜け、室内に入ると「ドアを閉めろ」と声を掛け、襲撃者数人を押し戻した。一人の男がこちら側に尻を出しドアに挟まれていた。扉を押すKの隣にいた被告団のW氏がナイフを手に持っていた。

Kは「こいつを刺せ」「刺せ」と何度か言ったが彼は手にもったナイフを見ているだけで、できなかった。襲撃者・Y（革マル）は態勢を整え、鉄パイプをドアに向かって突きたて、破り、突入した。

数人が三段式鉄パイプ（四〇センチほどの鉄パイプを三本つないだもの）をふりかざし突進してきた。弁護団、被告団二〇名ほどは部屋の隅に固まっているのが見えた。Kは部屋の中央で襲撃者に立ち向かった。

Kが振り返った瞬間、鉄パイプが突き出された。のけぞったものの、眉間をかすり、振り下ろす鉄パイプが右頬をかすめた。眼鏡はとばされ、向かってくるのは三人とわかるのみで、相手のふところに飛び込むタイミングがとれない。左の男が振り下ろしてきた鉄パイプをかろうじて左腕で受けた。肘に当たったらしく乾いた音がする。右に避けると真ん中の男が真正面から鉄パイプを降り下ろしてきた。思わず右手で頭をかばった。指がつぶされた。右の男が同じように振り下ろしてくる。左に避ける。右手の痛みに傷を見ると、中指が折れた様子であった。視線を外したために襲撃者は三人がかりで鉄パイプを頭に集中し、頭頂部からどっと血が噴出す。

ピーッと笛が鳴り、撤収合図らしく襲撃者たちは後ろ向きになってドアに向かった。Kはこの時、中央にいた男に背後からとびついた。右手を首に回し、左手で相手の上腕を捕まえた。右足をからませると相手は右に倒れた。Kは「おいっ、みんな捕まえろ」と見渡すが事務局員も倒れたままで加勢できない。襲撃者は「ウオオッ」と恐怖にみちた声で叫びながら、もがき、首からKの腕を抜く。四つんばいになって、出入り口から脱出した。Kはなぜ簡単に右手が外されたのかいぶかり、右手を見る。中指は一八〇度反対に反っていた。左手で元に引き戻そうとしたが、左手も全く力が無かった。肘に激痛があり、関節がやられているようだった。近くにきた事務局員の直子は無傷のようだったので右手を差し出し、頼んだ。

「指を元の位置にしてくれ」直子は手を見て恐怖と緊張で蒼白になったが、無言で言うとおりにした。

あの襲撃の日、他のことは全く考えられなかった。ただただKは悔しかった。そして今も、悔しかったことばかりが思い出された。

《奴らは俺のカバンを盗んでいった。あの中には弁護士費用や会場費の支払いで何十万もの現金が入れてあった》

襲撃の任務分担、会場のカバン類を略奪する任務……の者がいたのだ。支える会の会員が千円、二千円と集めたカンパがそっくり盗まれた。

「クソッ」独房に押し殺した声が響く。

頭部治療中の外科医の会話も不愉快だった。

「あー、ずたずただ」

頭頂部を、結局三〇針縫った。骨には異常がなかった。

指の骨折を治療した外科医は三人がかりで中指の修復をした。骨折はうまい具合に関節を外れていた、指の付け根に近い場所が粉々に砕けていた。局所麻酔なのでレントゲンで確認しながら治療するのがKに見える。小さく割れた骨をピンセットで繋ぎ合わせ、元の位置に収めると、針金をX字状に差込み補強した。針金は指の先の方にむかって突き出していた。指は親指を除く四本でまとめて石膏で固められた。手術は二時間以上かかった。「関節だったら、切断だったね」と医師はいった。彼らの職人技に感謝した。

左腕の骨折治療は簡単だった。肘は石膏で直角に固定され、手首、手のひらまで固定された。指先は使えるものの、腕は不自由だった。まず、普通の衣類が着られなくなった。袖も通らない。右手も動くのは親指だけなので、自分で着替えができなくなった。一番の問題はトイレであった。「ガキデカ」というあだ名の男子学生が世話してくれた。救対部が交替で病院に泊り込んで、社との連絡、怪我人の世話に当たっていた。

しかるべく組織が機能していることがKの心配を軽くした。


同じ病院に井上正治氏、浅田光輝氏が入院していた。弁護団、支える会によって襲撃者への弾劾声明の準備が進んでいた。毎朝、食事の後に、足が無傷のKと浅田氏は喫煙できる部屋で落ち合って今後のことを話し合った。

「毎日一緒にいて、合宿みたいだね」と浅田氏は言った。

井上弁護士の部屋に見舞いに行く。彼は頭を打たれ、腕も足も折られてベッドに横たわっていた。

彼は眉をひそめて静かに言った。

「こんなことでは、これからの会議の時は拳銃を用意しなくてはなりませんねえ」
いつもダンディーな装いで知られる彼は、「スーツは仕立て下ろしでね、ストライプが気に入っていたのだが、血まみれになって、もう着られないですねえ」残念そうに言った。
軍隊を経験してきた二人の会話は楽天的で、Kは自分も気持ちがスーッと楽になっていったのを思い出す。

防衛隊を指揮していた上原は集中的に鉄パイプで頭を打たれ、頭蓋骨陥没の重体であったが、手術後一週間経つと危険な状態から回復した、と聞いた。防衛隊に参加したのは地区委員会や大学細胞から動員されたメンバーだったから、彼らがどのように戦ったか、よりも怪我はどうだったのかがKには気がかりだった。Kがいた病院の四人がもっとも重症だったと分かり、Kは安堵した。本多氏もほんのかすり傷で現場を脱出した、と聞いた。

「守りきったのだ」Kは独房で言う。

4月になり、暖かくなってくると舎房での物思い、夢、の内容が変わっていった。
H氏は保釈になった年、救対部にいた学芸大の麻子と結婚した。麻子はふっくらした笑顔が魅力的な女性で、救対部として拘留中の活動家に面会に行くと、接見した活動家は誰もがまいってしまう、そういう人だった。

夏のある日、Kは二子多摩川の麻子宅に呼ばれた。H氏と住む新居だった。縁側のある六畳の部屋に通されると、H氏はステテコ姿で胡坐をかいており、ちゃぶ台には冷奴や、枝豆やらが乗っていた。乾杯して、H氏は「これが何だか分かるか」と一皿をKの前に押しやった。Kは一目で分かり「うなぎのかぶと焼きでしょう、結構好きですよ」と答えた。「ほらな、Kならこういうのが好きだと思っていたのだ、クックックッ」と含み笑いをしつつ、振り向いて麻子に言う。

Kはくりかえしこの日のことを思い出し、胸がつかえ、目が渋くなっていくのを感じた。

Kの父親が生きている頃、小学生のKはこのかぶと焼きを買いに使いに出されたことがあった。洗足に鰻屋はなく、電車で目黒まで行った。鰻ではなく「かぶと」だけを買ってくる、と言うのが小学生のKにもしみったれた買い物の感じがしたが、帰ってからひと串もらうと、案外にうまい、と驚いたのだった。


この時から、かぶと焼きはH氏と自分の父親との二重の思い出となっているのだった。

「ああ、あの日は、あの日は……」Kはつぶやく。

入院先からKは脱出した。月が変わり、頭の傷が乾いて抜糸したころ、Kは病院にいることが苦痛になっていた。敵対党派・Y（革マル）の機関紙はKが偽名で入院していることや井上、浅田の「ターゲット」が入院中であることを得々と掲載していた。襲撃者が病院にまで追撃することは考えられなかったが、名指しで所在を示されたことで、居心地が悪くなった。

後のことは知らず、明け方にK子を迎えに来させ、外出できるように着替える。用意されたのは、K子の父が着ていたウールの着物で、背丈をあわせるために襦袢は中継ぎしてあった。K子は「時間があればちゃんと仕立てると母がいうのですが」とちょっと残念そうにつぶやいた。頭の傷跡を隠すためにハンチングをかぶり、左手の石膏は袖の中にいれ、ショールで吊った。右手のギプスにはハンカチを被せてタクシーに乗った。時代のずれた異形であった。

隠れ家は用意できなかったので、東京駅からひとまず伊豆方面に向かった。熱海からバスで天城越えし、バスではひどく車酔いしてKは昼食を吐きもどした。松崎で、温泉のある民宿に投宿した。両腕を湯から出して入り、脱ぎ着もK子まかせで、何日も逗留し、一ヵ月分の垢を落とした。

興味深かったのは、西海岸の民宿は「怪我人の湯治」という気安い受け入れだったが、熱海に移り旅館に入ったとき、仲居は怪我人のKを見て「はっ」と緊張した。

ひどい怪我人をやくざの出入りとでも勘違いしたのだろうか。

血の記憶　――空母エンタープライズ佐世保寄港阻止闘争

中部七工場での五月は物憂げに過ぎていった。整備士の資格を取ったKは、自分の職場となった検査コースに勤め人のように通い、淡々と日を過ごした。ある雨の日、検査コースのピットの中はぐっしょりと露を帯びていて四、五段降りる階段は滑りやすかった。Kは注意していたものの、中段で滑った。

偶然そこにはトラックの下回りを見るために置いてあった工事用ランプがあり、そのランプは針金のカバーがあって、吊り下げ用のフックもついていた。Kはそのフックに手を突き、フックは先が鋭くなっているわけでもないのにKの手のひらを貫いた。それほどの傷みはなかったが、右手で針金を抜くと、どっと血が吹き出てきた。朝の見回りに来たちび担が上からのぞき「どうした」と聞く。

Kは地上に上がり、手の平を見せる。「切ったか」と軽く調べる。手の甲を返すとそこにもぽつんと穴があり、血が噴出している。「こりゃ駄目だ」とKを医務課へ送り出した。

刑務所の医者は乱暴で、ヨードチンキをつけた綿棒を手のひらから甲へ貫通している傷に差し込み、しごいた。

怪我をした時よりも傷み、Kは荒く息をして耐えた。

工場に帰ると、ちび担は「午後からは免業にしてやるから舎房で休んでろ」とKを帰した。医者はサルファ剤を出したので、昼食後に飲んで、Kは昼間から舎房で布団を敷き横になった。左手はずきずきと痛み、眠ることはできなかったが、うとうとしながら長い夢を見た。

六七年一〇・八羽田闘争で逮捕起訴されたKは、一ヵ月後に保釈で出てきて早々に、原潜佐世保寄港阻止闘争の準備にはいった。一九六八年一月、社ではなく東工大の一室で会議があった。PB（政治局）を中心に主だった本社常任が集まり、闘争のスケジュール、戦術、ゲバ棒の調達、配置などが検討され、決定された。

戦術は大まかに一号から三号作戦まであり、一号が成功すれば直ちに二号へと拡大する考え方の作戦で、一号作戦自体が実行できなかった時のことを考え、〇号作戦も案出された。

厳密にはこれらは軍事行動ではなく、石と旗竿、ドッキングがうまく成功した場合には杉の垂木＝「ゲバ棒」程度の装備で「武装」とは程遠いものであった。全体の基本行動はあくまで「エンタープライズ寄港阻止」のスローガンのもとでの大衆的なデモ、機動隊の壁をデモで打ち破っていく実力闘争であった。この時代、実力闘争はまだ武装闘争を意味してはいなかった。

これらが実行不能になったとき〇号作戦を発動する。決めるのは現場の常任指導部である。〇号作戦とは「米軍基地」という目標を外し、市街地でゲリラ戦を展開する、というものだった。最も重要なのは東京、関西、中四国・九州の三つの軍団を指揮するリーダーの決定であった。

主力東京はI、O、Aなどの法政大、横国大などの指導部、関西はTを派遣、広島へはKとなった。

革共同広島県委員会、学生組織委員会、九州指導部の全てを統括する本社常任としてKをあてることを提案したのはH氏だった。Kに決まってから彼は、「一人で行っても受け入れられないから」と信任状をコクヨのB5原稿用紙一枚に書いて書記長名で署名し、Kに渡した。全国的な知名度のない中央常任・Kの任務は簡単なものではないが、責務を全うさせるにはこの信任状が不可欠だった。電話での連絡は一切断つ、という決定もされていた。

H氏はペラッとKに渡して「指導部会議で確認したら焼け」と命じた。彼の筆跡は筆圧の高い、ガリ版で書く時と同じように一文字一文字が、かっちりと止め、撥ねをした文字で、原稿用紙はその筆圧で反り返っていた。


信任状、それは見まがいようがなかった。いままでの大学オルグではない、全国作戦の一部を統括する任務に興奮した。

Kはそれを懐に広島に向かって立った。誰にも行く先は告げなかった。

新幹線で大阪まで行き、一泊する。下着など戦闘的旅仕度を整えた。毛糸の腹巻を買い、中に信任状を入れた。

在来線で広島に着き、広大自治会へと向かう。学生常任を通じて県委員会の幹部が夜、アジトに集まる。全体の政治情勢を確認し、エンプラ闘争の作戦会議に移った。始めにKがH氏の信任状を回覧し、全員が承認したとき円座の真ん中に灰皿を置き、信任状に火をつけた。このとき、Kは中四国、九州のNCを束ねるコミッサールとなった。

Kは全体の政治情勢を簡単に確認し、作戦について説明した。会議の参加者がだんだん熱くなっていくのを受け止めながら、自分の任務は佐世保駅到着までで、その後の行動は現地の総指揮者にまかされることでしめくくり、決意を込め「やり抜こう」と言い、面々の顔をみた。紅潮した全員が「異議なし」とうなずくのを見た。

夜行列車「西海雲仙二号」に合流する予定のその日、東京では意外なことが起こった。法政大学から出発した東京の部隊二〇〇人が飯田橋まで行く途中で機動隊に包囲され一三一人が逮捕された。

主力を事前検束する、適法であろうとなかろうと、とにかく佐世保にエンタープライズ号が到着する日に反対勢力を佐世保に行かせない、とのなりふりかまわぬ権力の振る舞いであった。

東京本社との連絡はとれない、取ってはならない状況下でテレビ・ラジオをつけっぱなしにして報道から状況を判断し、警視庁の逮捕名目が法政から飯田橋駅への「無届デモ」とプラカードへの「凶器準備集合罪」となっていることを知った。

Kは大学指導部を呼び、構内でとんとんとカナヅチで作っているプラカード作りを中止させた。県警は大学構内への機動隊突入もやりかねない。誰にも見える場所でプラカードの一部は板と棒にばらし、学内への捜索名目も作らせないようにした。

広島駅集合の手順を変更した。「デモ」の口実を与えないように、ばらばらに集合すること、持ち物の中には「凶器」と見なされるものは入れないこと、何が何でもパクろうと挑発してくるから、屈辱的でも耐えろ、と全参加者約三〇〇名に伝わるようにした。

活動家たちには少し不満な顔と、緊張の高まる顔つきとがあった。当初の夕刻から駅に集合し、佐世保に原潜エンタープライズが寄港する危機を訴え、カンパ活動をし、「出陣」していく、というものであったがその計画は中止せざるを得なかった。あまりにも権力側の危機感が高まりすぎている。そうした敵の意気込みをかわすことが先決だった。

Kの最大の獲得目標は佐世保に登場することであった。

参加者は一月一六日零時までに国鉄広島駅下りホームに集合する。その一時間前にKは単独で駅構内にいた。広島県警では早くも改札に検問態勢をひいていた。普通の旅行者の格好のKは何の問題もなく改札を通過し、目立たぬようにしながら改札口を見守った。活動家たちは簡単なナップザックだけで集まってきた。県警機動隊は全員の手荷物をあけさせ、中身を調べた。抵抗するものがいれば直ぐに「逮捕」の号令をかけようと、指揮官は長い指揮棒を持って青いジープの上から睥睨《へいげい》している。

何事もなく全員が二番線の下りホームに集合した。一般乗客は離れて見ている。列車到着までの長い二時間がはじまる。


「配当！」という雑役の声が響く。「もう五時か」、Kはのろのろと起き上がり、アルミの茶瓶の残りを捨て、流しですすぎ、それを持ってドアに向かって座る。遠くの方から扉の給食口の蓋がカシャン、カシャンとあける音が近づいてくる。鉄の小さな扉は外にパタンと開けられ、台になる、Kはさっと茶瓶を出す。熱い茶色の湯が入れられ、Kはすばやく取り込み、今度はアルミの給食ボウルを出す。鳥の皮のスープが入ったボウルが無造作に置かれ、なみなみと入った汁が台にこぼれる。最後にアルミ皿を出すと二等飯がどんと置かれ、取り込むや否や給食口はパタンと閉じた。全く口を利かない。雑役の後ろから看守が配当作業を監視している。

鳥皮のスープは熱く、うまい。

上澄みの一センチはみごとに透き通った油であった。タマネギか何か野菜が入っていたようではあるが形はない。Kは両手でふちをそっと持ち流し台の机に運ぶ。スプーンはないのでアルミのボウルに口をつけて飲む。熱くてやけどしそうだ。

それがうれしい。

刑務所には冷たく冷やしたものも、熱くて飲めないものもない。だがこの鳥皮スープだけは例外だった。油の膜のおかげで炊場からさめずに来たのだ。Kは二等飯を一口食ってはスープをすこしすすり、すすりして半分ほどになってようやく飯をボウルに入れ、スープかけご飯にして全部たべた。満腹になって横になる。

見ていたかのように頭上の給食口がパタリと開き、看守がしゃがんで覗き込む。

「薬は三種類か」

「はい」と返事すると薬袋からなれない手つきで、抗生物質、痛み止め、粉の胃薬を台の上に並べた。薬は看守が見ている前で飲まなくてはいけないのだった。Kはアルミの水のみに茶を入れ三種類の薬を飲んだ。

「何処を怪我したのだ」

Kは包帯を巻いた左手を見せる。「ふむ」と夜勤の看守は見て、「あとは明日の朝食配当の後だ」と言うと、またぱたりと給食口を閉じた。

横になると再びKは広島、佐世保にもどっていく。腹はくちく暖かく、見上げた天井の明かりがぼんやりと白い壁を照らし、ホリゾントライトのように焦点がなくなり、壁は抜けて空が見えてくる。Kは再び六八年広島へと飛ぶ。

急行西海雲仙号は午前二時に着く。それまでの二時間、いつものようにハンドマイクを使って集会をやれば県警は必ず介入するだろう、Ｋは渡り階段から遠い進行方向のホームに集合させ、駅舎全体が見渡せる位置に陣取った。マイクを使わず、自治会活動家が「意思統一」の発言を始める。機動隊は数名の私服を同じホームに配置してはいるが、ヘルメットを青黒く光らせた一隊は改札付近にとどまっている。

集会では各学部自治会の活動家、地区委員会の労働者たちは、こもごも原子力空母エンタープライズの佐世保寄港の意味するところをそれぞれの言葉で語った。静かだが熱気のある集会になった。

午前一時を過ぎると、改札口の機動隊も引き上げた。私服は渡線橋の上から見ている。Ｋはタイミングを見てアジテーションに切り替えた。それまでの活動家の決意表明に変わって、自治会リーダー、常任活動家たちが熱っぽくアジル。

「国家権力、機動隊が、先制的にわが全学連を中心とした東京の部隊を拘束したならば、（ナンセンス！）われわれは彼らの分も、かならずや戦いぬき（異議ナーシ）、実力を持って、日米安保同盟の、全アジアにたいする、反革命的本質を暴露し（異議ナーシ）、エンプラ寄港、佐世保母港化を阻止していくであろう（異議ナーシ）ここに結集した中四国の戦う同志諸君、（オーッ）この戦いの先頭を切って、最後の最後まで、戦い抜こうではありませんか（異議ナーシ）」

西海雲仙号は定刻に滑り込んでくる。先頭の自由席車両は全て赤旗で覆われ、開けた窓からは関西の同志たちが手を振っている。ホームで待ちわびた三百余名は「オーッ」と大歓声を上げながら走る。停車と同時にどどっと乗り込み、車両の中は再び「オーッ」という双方の歓声に包まれた。

途中の停車駅からは、しかるべく準備された「ゲバ棒」が搬入され、準備はととのった。指導部は〇号作戦を含む作戦行動を確認し、車両は到着までのわずかな時間に睡眠をとる静けさのなかで、西海雲仙号は佐世保へとひた走った。

到着と同時に全員は線路側に飛び降り、両手に線路上の敷石をつかみ、佐世保橋へ向かって全力で走った。踏み切りに待機したパトカーは一瞬のうちにフロントガラスを粉砕され、中にいた警官は車から降りることもできず、おびえた。

全員が全速で走った。佐世保橋へ着く。この橋のむこうはそのまま基地内へと繋がっている。一〇・八羽田の弁天橋である。

道路と佐世保橋にそって、基地内へつながる貨物線路は、両岸に三寸角の角材で警備側のバリケードが作られ行く手を阻んでいた。関西の数人とKたちは対岸から向けられた放水に顔を覆いながらじりじりとバリケードに近づき、解体にとりかかる。番線をねじっただけの組み立ては案外だった。釘すら使っていない。Kはゆっくりていねいに番線をよりもどし、一本、一本と角材を川に落としていく。そのたびに背後の味方から歓声が上がる。基地へ向かう第一のバリケードは、文字どおり落ちた。

対岸、基地側の第二のバリケードの解体に進む。これも同じように簡単にばらされる。あと数本を落とせば突破口となる。と、そこへ対岸の私服がにじり寄ってきて、拳銃のようなものを向けてきた。前列のわれわれは「ハッ」と顔を伏せる。しかし、発射されたのは水鉄砲で、青インクが飛んで何人かの顔にかかった。後で逮捕してから証拠にしようと言うものだろうか。後何本かでバリケードが突破できるというところで、次に真っ白な催涙液の放水が始まった。水ならば水圧に耐え、川におとされないように頑張っていられるのだが白濁した催涙液は衣服にしみると同時に皮膚を糜爛《びらん》させた。手は腫れ、目は開かなくなり、太ももは動くたびに擦れて痛む。われわれは敵前のバリケードから引いた。機動隊の催涙液の放水は、ミルクのように白く、アーチを描いて対岸の仲間たちの上に降り注いだ。

この佐世保闘争の時から各党派のあいだで、ヘルメットに党派名を大きく書き、赤旗にも大書する習慣が生れた。佐世保に到達するだけでひとつの成果であることは確かだった。飯田橋での予防検束で世間は「はたして過激派たちは佐世保に行きつけるのか」と関心を持っていたことも関係があるだろう。しかし、こうした世間・マスコミを意識していたにしても、西海雲仙から直接佐世保橋に向かったわれわれをカバーしたテレビ局、新聞社はなかった。貨物線路攻撃作戦がすばやく、あまりに見事に進行したからであった。

この一時間余の攻防の後に佐世保橋上に到着した赤、青のヘルメットが自分たちで佐世保橋上にバリケードを作り、そのバリケード越しに石を投げ、放水から逃げる姿が新聞紙上に載ったが、それは基地突入を計画していたKたちにとっては、つまり、戦術的な先鋭度を競う党派的な意味では全く笑止な「抗議行動」ではあった。しかしそうした大衆的な抗議は九州全域に大きな衝撃を与えた。

一夜を過ごすために鳥栖の大学まで移動するKたちは、全員が催涙液を服にしみこませており、列車は催涙ガスで充満してしまった。窓を開けても、ほてった学生たちの体温は催涙液を蒸発し続け、通勤する人々も皆「もらい泣き」したのだった。それもエンプラ闘争のひとつの現地的影響力ではあった。通勤の勤め人は催涙液やガスのひどさを体験し、学生たちに同情した。

数日後、社会党、地区労、全駐労などが開いた中央集会へ、ヘルメット姿の学生たちが駆け足で合流していく時、大歓声が彼らを迎えた。

集会後に市内へとデモが出発したとき、Kたちの集団は全体のデモの中ほどだった。先頭は一本の旗竿を横一列にして「戦闘的隊形」をとり、Kやほかのデモ指揮者はそのさおの前で状況を見つつ、歩速を早めたり、押さえたりしながら進んでいくのだった。先行していたレポの一人が「佐世保橋は完全に封鎖されている」と知らせてきた。Kは戦術的には一旦規制に従うとして、一〇〇メートルくらい先でUターンして機動隊に突っ込むのが良いだろうと考えていた。

デモは静々と佐世保橋に差し掛かってきたとき、突然左側から機動隊がKを襲撃してきた。Kは車道上のデモから路側帯まで引きずり出され、足払いをくらって倒れた。Kは腹をけられ、虫のように体を丸めると、背中をけった。別の機動隊員は執拗に頭をけってきた。ヘルから出ているこめかみ、首筋をけってくる。Kは殺されるか、と思った瞬間、失神した。

人の声でふと気付く。中年の男が、何か叫びながらKを歩道上に引きずっていた。回りにはKを取り囲む町の人たちが見えた。機動隊はもう蹴ってはこなかった。

Kはタクシーで病院に運ばれ、次に気がついたときは病院のベッドの中にいた。歩道にいた市民に助けられたのだ。着ていた衣服はビニールの袋に入れられ、ベッドの下にあった。Kは裸で手術着を着せられていた。体は思うように動かなかったが、さっぱりとしたシーツの感覚と暖かい布団の中にKは沈みこんでいった。

目覚めるまで何日か寝ていたらしい。病院食の朝食をとってこの先を考えるうちに、病院の内外から歓声が上がった。

病室の窓、四階くらいの位置から、Kは街路を見下ろした。そこからは道一杯にヘルメット姿のデモ隊がうねっていく姿が見えた。そのあとに道一杯にひろがったフランスデモが続き、それはいつまでもいつまでも続いた。機動隊は見えなかった。

Kは感動した。

続いていく人々がいる。

九州の労働者がヘルメットをかぶり、フランスデモまでやっている。

Kは三日間病院で治療をうけ、四日目には「退院」した。入院の手続きも、保険証も、治療費請求もなにもない、野戦病院から戦場に戻る心境であった。衣類は洗濯してもらったが、完全には催涙液は抜けずに、体温で温まるとつんつんする臭気がまとわりついていた。病院で寝ている間に、最終作戦＝基地突入を中核派が実行したことを知った。突入とはいうものの、実際には垣根を乗り越え、基地内に入った瞬間に軍用犬に追い回されて、ひどい目にあった、とあとから聞かされた。東京で予防検束された軍団が不起訴・勾留棄却となって（さすがに検事も裁判を維持できるとは考えなかったらしい）、これが数日遅れで現地に合流し、「基地突入」をやりとげたのだった。政治目的は達成した。

Kたちは佐世保駅頭で帰りの電車賃のためにカンパ活動をした。警察の介入は全くなかった。汗と催涙液の臭気に満ちたヘルメットに次々とお金が投入される。九州ではまだ一〇〇円札が主だったので、集計するといくつもの札束ができた。大学指導部が人数は何人で、金額はこれこれと申告する、Kはそのまま支払った。昼飯代も渡した。とにかく、ものすごい金額が集まったのだった。全員の帰路の経費を支払って、Kは残ったヘルメット一杯の一〇円、五円の小銭を持って銀行に両替に行った。待たされている間、銀行の暖房と達成感ですうーと眠りに落ちた。

獄舎は静まり、就寝時刻を過ぎているようだった。Kは佐世保の記憶とともに眠った。

明け方なのか、鉄格子の向こうはぼんやりと明るんでいる。あまりに長く寝すぎて、ぼんやりとした意識の中で、H氏の声を聞いた。

「死ぬなよ」

下獄の前、最後の別れとなった彼との会話は、首都高を何度も何度も走り回る非公然活動用乗用車の中であった。もはや事務的なことはあまり話す必要がなかった。どこかで一杯やろうか、という話も出たが、彼は「酒を飲むとつまらないことばかり思い出されて、もうあまり飲みたくないのだ」とも言った。

別れ際に彼は言った。

「死ぬなよ」

そう言った自分が先に死んでしまっては、
おれは……

おれは……

少しずつ窓の明るさが増してくるが、いまだ明けきらぬ未明の静かな独房はKの流した涙をひんやりと冷やし、Kは「生き抜いて、見届けてやる」とつぶやいた。

K子の面会

三日目に包帯が取れた。Kは工場に戻る。

仕事の時は部品を入れてきたビニールの袋で左手を包み、汚れないようにして、風呂の後には、工場に置いてある赤チンを塗って、傷は治った。

輸出用の大型車両は、国内の車検と同様な検査が行われ、その検査員は「輸出機構」のような外部のスタッフが記録簿を書いた。月に一回、多い時で二回そうしたシャバ人の検査員が検査コースに来た。Kは送り出し側の検査員として、書類を整えたり、検査コースでの作業の手伝いをした。外部検査員は懲役と世間話をしないように規制されているらしく、仕事のこと以外には全く返事をしなかったが、一人だけ、いかにも酒飲みらしい赤ら顔の男は刑務所の中という感覚なしに、普通に相槌を打ちKと打ち解けた。一月おき位に彼の順番がやってきて、そのときは友達が来たようにKはうれしかった。石油ショック以降、景気が悪く、シャバの修理工場は仕事がなくなってきていることやら何やら世間話をして外の様子を話してくれるのだった。Kも来年の秋には満期なので出たら、一杯やりましょう、という楽しい約束もしたのだった。

それ以外には工場の生活は単調だった。四月になって、新しい訓練生が各部署に配置されたが、大谷という名前のやくざな男がKの助手になった。自分からは何もせず、昼食後に配置になって、工場の中をぷらぷらしているだけの男で、何処で聞いたのか、ある日、「あんた、学生だって？」「今度ステッキ銃の作り方を教えてやるからな」とKの気を引くようなことも言った。

この男はいつになっても全く仕事を覚える様子はなく、Kは何十台ものトラックの書類を整理している時についい言ってしまった。

「大谷さん、ちょっとは仕事してくれませんか。忙しいのは分かってるでしょう」

「何だ、てめえ、急に官になったつもりか。けんか売るなら買ってやろうじゃねえか」

「そういうつもりじゃないですよ」

「つ、い、い、つもりもやもりもあるか、てめえ、官みてえな口ききやがって、やるのか、この野郎」

「気に障ったのなら、勘弁してください。ここんところ記録簿の整理が溜まってしまって……」

「なら一生懸命やれば良いじゃねえか。おれは訓練生で仕事は半人前だからな、分かってるんだろうな」

「分かってますよ。どうにもならなくなったら、手伝ってくれれば良いんですよ」

「学生、お前ならどうにでもなるよ。ま、がんばって仮釈でももらいな。おれっちにはやってらんねえよ」

この手の懲役がむしろ普通なので、去年一緒に訓練生をやった仲間はちょっと例外だったのかもしれない、とKは思った。一人になると「おれはここで喧嘩をして刑期を延ばしてはいられないんだよ」と口の中で言い、ちょっと涙をこぼした。

五月には、徳さん、とアベッチョの二人が仮釈で出ていった。

徳さんはクニに帰るといっていた。彼は板金工としては一人前の腕を持っていたから、うまく鉄工所に就職できれば良いな、とも思った。仮釈の朝、彼はひげを剃って、ついでに額や頬もかみそりをあてたので顔中がピカピカして、うれしさが輝いていた。「徳さん、出たら会いに行くからな」とKが言うと、「戸隠まで来たら、おれの名前をいえばわかるよ、待ってるよ」と晴れ晴れと答えた様子は希望に満ちていた。

アベッチョのときは少しちがった。

一二年勤めて、一級なので着ているジャンパーも、Tシャツもおろしたてのまっさらなものを身に着けている。仮釈の朝、残った連中はこのまっさらなものを自分のよれよれのものと交換してもらうのだ。仲の良かった懲役がTシャツをもらう。お互いに裸になってこれはお前に、これはこいつにと交換する。あまり親しくしていなかった三人目の懲役が、ゴム草履を換えてくれ、と言った。アベッチョは一言「履物だけは勘弁してくれよ。きたねえのは履いていきたくねえからさ」と断った。何かまだ彼の中で解決していない問題があるような、ちょっととがったものが残る気配だった。

〈何で過去と言うのはいつも、こう、着慣れたTシャツみたいに、なじんだ感じで思いだされてくるのだろう〉とKは想う。

また正月が来て、春が来た。

三月はつらい月だ。三・一四がめぐってくる。外の様子を知らせてくれるのはK子だけだ。二級になってからは毎週一回の面会が許される。K子はせっせと通ってくる。未決の時のように自由に私本の差し入れはできないから会話は限られてしまい、家族のことや、K子の近況になる。政治的な情報は面会の終わりの方で簡単に済ませる。立会看守が会話を記録しており、それが何に使われるか分からないので、一語に尽くすようにしていた。

面会は仕事中に送り迎え担当の看守が工場にまで迎えに来る。大体が若い看守である。工場から出るとき、周りのうらやましそうな視線が背中にからむ。五〇人以上いる工場でも毎週面会に来るのはKだけであったから、ひどく目立った。

若い看守は面会者がどういうものか確認してから迎えにくるらしく、面会所へ歩く道中で「きれいな奥さんだね」とかちょっと何かを言いたくなるらしかった。彼らにとっても日常とは違う何かいいことのようだった。

ある面会日、K子はいつものように家族の安否を話した後、「前進社が、引っ越すので一〇〇万円の債権を買うように指導があって、買わざるを得なかった」と言った。

「前にも一〇〇万の債権を買わされただろう。あれはどうなったのだ」

「まだ、返済に時期が来ていない」

「事前に何で相談しなかったのだ」

「…………」

「おれが出た後の生活のことを考えたら、そんな余裕はないだろう、何を考えているんだ、その金は返ってこないぞ」

「…………」

激しく、怒気を含んだKの様子にK子は涙ぐんだ。さらに何かを言いたそうに、Kの顔を見たが、Kはそれが何か分からぬまま、にらんでいるばかりだった。面会時間は終わった。

Kは何かK子が悩んでいる問題があるように思ったが、それが何か、全く分からなかった。たぶん手紙にも書けないことなのであろう、一体何が起こっているのだ。

情報がない。断絶している苦しさがつのった。

パロル

五月になり、また夏がきた。

がらんと吹き抜けの検査コースには涼しい風が通り、Kはこの「職場」になじんだ。いまやどのような検査や入庫検査の部品出しも手慣れたものだった。しかも、やくざの大谷は六月のヤニ事件で特警に吸い込まれたままで、戻っては来なかった。

ヤニ事件は年に一回くらいある「投げ込み」のせいでおこる。「ヤニ」（ピース缶）が他の工場へいきわたった後、約一ヵ月たっておこった。中部七工場には三億円事件のあった道路に面した見張り塔の下に車のジャンクヤードがあって、塀の外からの投げこみ場所になっている。喫煙は中部七工場の内部だけであったら、けっしてばれない。シンナーやオイルのにおい、溶接の火花、トラックの排ガス、懲役だけで入浴する風呂場。「ヤニ」はそういうにおいにまぎれる。広い工場は看守の死角も多い。しかし、雑居房に運ばれ、他の工場に流通した瞬間、発覚する。木工工場や部品加工工場には火の気も煙もないし、看守の監視死角はほとんどないからだ。

今回のヤニ事件は大掛かりだった。P缶数個が他の工場に流れたという。特警が機動隊の紺へルメットの格好で一〇人も来た。工場に全員集合がかかり、並んでいる懲役が次々と名前を呼ばれ列外に整列させられると、特警に挟まれて出て行った。そして二度と工場には帰らなかった。二〇人以上が吸い込まれた。

工場は半分になった人員でのんびりと作業をしていった。Kは見知った顔がいなくなり、話をする相手も少なくなった。

月末に給料袋の変わりに、「計算書」が配られた。その月の給料が二千いくらかとこれまでの稼ぎの合計が知らされる。Kは領置金が三万円を超えたのを知った。

「プロウル」、去年仮釈になったラフェンテと話している時に、彼がたびたび使っていた言葉が「仮釈」のことだとは分かっていたが、それがフランス語の「パロル」であることを確認したい、とずっと気になっていた。そこでKは「スタンダード佛和小辞典」を購入した。半月後に「私本閲覧許可」の小片が張られた辞典が届いた。

昼休みが終わるころちび担が食堂にやってきて「おい、K」と呼び、「後で受領の紙に指印押しとけ」と手渡した。

小事典は花束のようにきれいだった。厚紙のケースから引き出すと濃い黄色のビニールカバーが鮮やかだった。PETIT DICTIONAIRE STANDARD FRANSAI-JAPONAIS と書かれた金文字をなでてはぱらぱらと中をめくり、またなでた。

ちび担は指印用の黒肉を持ってきて、受領用紙に押させると言った。

「お前、フランス語できるのか」

「一応、単位は全部とりました。まあ、辞書があれば何とかと言う程度ですけども……」

「ふーん。今度訳してもらいたいものがあるんだが、やれるか」

「えー、それは難しい本ですか」

「いいや、花のデコレーションのパンフレットだ」

「はー、多分分かると思いますが、これは小辞典なので花の名前までのっているかどうか分かりませんが」

「そうか、一応みてくれ。明日持ってくるから」

「舎房に持っていって大丈夫ですか」

「それは言っておくから大丈夫だ。独居は教科書を入れる岡持ちはないのか」

「ビニールの袋に入れています」

「それならその袋に入れておけ」

「何かいわれたら……」

「いわれねーようにしておくよ」

「わかりました」


その日は舎房に帰ると小辞典で遊んだ。一番楽しいのは表紙裏のフランス全土の地図、裏表紙のパリ市街図だった。

Parole n.f,「①言、言葉」これは知っている。「②発言」これも分かる。しかし、刑務所のなかではふさわしくない。「③言質、約束」これだ。「仮釈」は約束なのだ。意味は通じる。しかし、なにを約束するのだ。分からない。小辞典の限界だった。

ちび担からたのまれたパンフレットは葬儀用の祭壇を飾る花飾りカタログで、必要な部分だけ一〇枚ほどコピーされたものだった。祭壇の写真と説明、花名が記されていた。数行ずつの説明は装飾パタンの意図が書かれていて、それは英語だった。ちび担に交渉して、領置されていた「英英辞典」を舎下げしてもらった。それは、61.jun.at waseda と購入日がしるされたなつかしい辞典だった。Afterthought：五行の英文の説明の後に「後思案（あとしあん）」と日本語表記されているような古めかしいものであったが、必要な植物、花名も載っていて、Passion-flower「とけいさう」とあり、祭壇装飾カタログの訳出には十分役立った。一週間ほどで訳し終わり、ちび担に渡す。英英辞典は私本三冊以外の「冊数外」というスタンプが押されてもう一度返してくれた。ずっと舎房で持っていて良いことになった。独房に佛和小辞典と研究社版「新簡易英英辭典」昭和三五年版とが並んだ。Kはなんだかひどくうれしかった。仏和は黄色のビニール装丁、英英は黒の革表紙が擦り切れて茶色の皮生地が見えていた。

Parole [proule]「プロウル」、言葉はフランス語から借りてきたが、発音は英語ふうに勝手に読んでいる。全然美しくない。i.n.one,s word of honour,esp,a promise given by a prisoner not try to escape.on prole:　宣誓解放されて。

これで疑問は解けた。

Prisonerを引く。①a person who is kept shut up against his will ; [fig] one who is not free to move ②a person taken by the enemy in war : a prisoner of war
Kは、なんて上品に説明されていることかと驚いた。Crime やpanishment とか刑法にまつわる言葉はどこにもなかった。とくにa prisoner of war が気に入った。

「そうなんだ。おれはプリズナー・オブ・ワーなのだ」

「階級闘争という戦で虜となっているのだから……」

この編集者に「異議ナシ、異議ナシ」と低くつぶやき、革表紙をなでた。巻末の印税印紙には「市河」という印鑑が押してあり、研究社辭書部のイチカワサンに親しみをおぼえたのだった。

こうしてゆっくりとパロル・仮釈へと近づいていった。仮釈はKの組織においては「転向」と同意義であり、活動家とくに「本社常任」には許されることではなかった。そのことをKは十分に知っていた。

Paroleの字義を探している時、同時に仮釈が権力の側の言葉であり、パロルが囚人の側の言葉であることに気付いた。片方は権力が「仮に釈放する」のであり、他方は「宣誓」によって不戦を誓い、解放されるという主体的行為なのだ、とKは考えた。

三度桜が咲くのを見た。

満期まであと三ヵ月となった。

泣いても笑ってもあと三ヵ月で自由の身になる。

ツトメを果たしたことになる。

無事にやりとげてきた充実感と、外の世界に再突入していく興奮が沸きあがってきた。


仮釈となれば組織から「自己批判」を要求されるだろう。そのとき書くことは今考えていることではないだろう、とも思う。今考えていることは理屈だ。

無謬の党であるためには「完全黙秘」が原則で、運動に戻る「確信犯」に仮釈はありえないのだから。

ちび担はまだ仮釈の可能性はある、申請書は出しておけとKに言った。現場担当としての意見を書き送ったのだろうか。


夜中に奥浩平が「ナンセンス、ナンセンス」「破産、破産」と金切り声で叫ぶのを聞いた。

ある日の朝、朝礼がすんで持ち場に着くとすぐに放送で「検査コースK、管理室に」と呼び出しが流れた。相棒がすぐに「仮釈審査だ」とKに言った。「いいか、出たら仕事のあてがあるかと聞かれるから、必ず何か考えておけよ」と教えてくれる。

二階の管理室に行くとちび担と見慣れない看守が来ていて、ちび担は「審査会だ。着替えて来い」と言った。Kは下のロッカーへ行き、つなぎ、安全靴を脱いで、ジャンパー、ズボン、ゴム草履に履き替えた。深呼吸をしてまた二階に上がる。二人の看守は談笑しており、ちび担は振返ると「お前、出たらまたやるのか」と聞いた。Kは即座に「やりませんよ、もう」と答えた。

外から来た看守は「いこうか」とKをうながし、ちび担に「昼までには戻りますので」とあいさつし、Kはその看守と本部棟へと行った。

審査会には六人くらいの刑務官と背広の法務省の役人がおり、一人だけが質問をして他の者は言葉を発せず、じっとKを見つめていた。

身上書が確認され、役人は「まだ学籍はあるのですか」と聞いた。

「服役中は休学になっているので、学籍はあります」

「出所後は大学に戻りますか」

「わかりません。生活のことも考えなくてはなりませんから」

「中七工場での仕事はどうですか」

「順調です。昨年三級整備士の資格を取って、今はトラックだけではなくて外の一般乗用車の車検整備もやっています」

「ほう、一人前の整備士ですね」

「一人前かどうかわかりません。外の工場のことは何も知りませんから……。まあ、一応の自動車整備ができるというところです」

「今後、自動車整備の仕事につく考えはありますか」

「三級から実務歴二年で二級の受験資格ができるので、二級までは取りたいと思っています。そうすれば、自分の工場を、認証工場をはじめる資格もとれますから……」

「そうですか」と役人はあいずちを打ちながら他の役人の顔を見て小声で何か相談し、「実家のほうは何か仕事をしていますか」と聞いてきた。

「兄が毛糸の卸しと編み機の販売をしています」

「実家に帰って、家業の手伝いとかで生活できますか」

「仕事の相談はしていませんが、実家に帰ることになると思います」

「仮釈放の申請が出ていますが、仮釈放のあとに逮捕、起訴など刑事事件を起こすと取り消しになることは知っていますね」

「はい」

「あなたは、東大裁判の判決と、いわゆる羽田事件の判決によって決まった刑期の合算四年二ヵ月のうち、未決通算三〇〇日ですから三年四ヵ月で刑期満了です。あと二ヵ月ほどで満了ですが、仮釈放の申請をしていますね」

「はい」

「再犯の惧れのある場合は仮釈放にはなりませんが、そのことは知っていますね」

「はい」

「誘われた時に断れますか」

「私は今年三三歳です。外の様子は私がいた時とは大分変わってきていますし、もう役にたたないでしょうし、自分の生活を考えていますから」

「そうですか」

役人は両側の人物に小声で何かたずね、「本日はこれで結構です」と言った。

後ろの椅子にいた看守が「工場にもどります」と言い、会議室をあとにした。

工場までの長い渡り廊下を歩きながら、Kは〈今言った言葉に束縛されることはない。これは方便なのだから〉とハラの底でくりかえしかみ締めながら歩いた。送りの看守は迎えの時とは違う若い看守で、無言で工場へKを送った。Kは今起こっていることの重大性と〈しかし、果たして仮釈になるか〉という現実的な打算との複雑な感情で、むっつりと黙ったまま看守の前を歩いた。

工場では昼休みの整列をしており、送ってきた看守は「キイッ」と音をさせて鉄柵を開き工場看守にKを引き渡しかえっていった。バーロウが四列に整列した懲役に「番号」と号令をかけ、Kは末尾に駆け込み「五七」と言い、ブンタイが「総員五八名異常なし」と報告。バーロウはうなづくと「解散」と宣し、昼休みになった。

二階へ上がると昼食は配膳されていて、高野豆腐の煮付けに二等飯だった。高野豆腐はサイコロに切ってあったが、角は丸くなるほど煮込んであり、うす甘い味付けだった。案外に豆腐に香りが残っていてKはうまいとおもった。隣の懲役は一口高野豆腐を食べてからは、沢庵と胡麻塩で麦飯をかっ込み、半分以上残して残飯入れに捨てに行った。

Kはゆっくり味わいながら食べていると、ちび担が来た。

「どーだった」

「まあ普通の面接でした。出てからの仕事のこととか……。でも三ヵ月も残ってないのですが、何時ごろ結果が出るんでしょうかね」

「一ヵ月ぐらいだろう」

「それじゃ満期と変わらなくなっちゃいますよ」

「一ヵ月でも早く出られればいいじゃねーか」

「それもそうですね」

そこへ道具室のオヤジが通りかかり、Kに話しかける。

「おいジャンボ、お前仮釈出たのか」

「いえ、さっき審査に行ったばかりで……」

「もうやりませんから、仮釈くださいって頼んだか」

「はっはっはっ」

「ジャンボ、お前は生れは何処だ」

「東京です」

「うそ言え、銚子の生まれだろう、調子の良いこと言ってきたんだろう」

「はっはっはっ」

　オヤジがまだ口を尖らせて何か言おうとするとベルがなった。工場で「セイレツー」と号令がかかりKは「おーっとセイレツだ」と席を立った。

「銚子の生まれはこれだからなー」とオヤジが後ろから声を掛ける。Kはいつもの冗談で聞き飽きていたが、この日はなにか励ますようにも聞こえたのだった。


　舎房に帰ってからKは興奮した。

　仮釈放……それは禁断の木の実である。

　権力への屈服を意味するカインの額のしるしである。

　これで、おれは組織には戻れないかもしれない。

〈戻るつもりだったのか〉と自問する。

夢の中では、K子とのはじめての夜のことを思い出し勃起した。また別の夜には、洗足の町並みを思い出した。角の果物屋、お茶屋、煎餅屋、千種画廊、葬儀屋、ミシン屋、クリーニング屋、洗足パン工場、片山歯科医、そして自宅。

一ヵ月でもおれの人生だ、
一ヵ月の死と
一ヵ月の生を選ぶとすれば
おれは生きる方を選ぶ。

Kの結論はそういうことだった。

出てからの党内人生はもう決まったようなものだったが、一ヵ月間のしみったれた仮釈にどのような党の処分が出るか、これも関心事だった。「転向者」と言われたらそのときに離党すればよい、打算があった。

三週間後仮釈放の正式決定がきて、八月二〇日には出所と決まった。K子への手紙に予定日を書いた。

前日、風呂から上がり、整列した時、隣の懲役が「明日仮釈だって」と聞いてきた。Kがうなずくと「工場から出たら、後ろを振り返るなよ。また来ることになるからな」といった。「うん」と答えただけであったが、Kはその忠告、ジンクスのようなものを教えてくれた名も知らぬ懲役に温かいものを感じた。

当日は暑い日だった。朝飯を食べて直ぐに釈放の最終確認の面接があり、また身上書を確認した。下獄したときの冬物のジャケットやズボンを風呂敷に包み、差し入れてもらった夏物のズボンとシャツを着る。私物が返される。中部七工場での二年半の報酬は何万円にもなっていてちょっとおどろきながら現金を受け取る。右手にノートと本と雑誌「自動車工学」三年分、左手に衣類の風呂敷包みを下げ、府中刑務所正門に向かう。

〈組織に戻ろうともどるまいとお前らの知ったことか〉
〈もっと大変なことが待ち構えているのだ〉
〈復讐を見届けるために帰っていくのだ〉

Kは、そう自分に言い聞かせた。

門の前には二台の車が待っていた。

5 脱落

禁足令又は監禁

府中刑務所正門前には二台の乗用車が迎えに来ていた。

中核派救対部は一台の乗用車に三人乗ってきていた。

Kの家族は母、兄、弟、そしてK子の四人が兄の車で来ていた。兄がぐっとKと握手して、緊張した低い声で「ご苦労だったな」と言い、母も「ご苦労さん」と手を握った。K子はちょっと遠慮したのかはなれて「お帰りなさい」と言った。

「どこかでコーヒーでも飲もうか」と車のほうへKをいざなうと、救対部が進み出て「ご苦労さまでした。本社に案内するように迎えに来ました」と車のほうを見た。Kはここが一つの分かれ目だな、と感じつつ、「新宿で別れるとして、そのあたりでサテンにでもはいろうか」と安心させた。

Kは救対部の車に乗ることになり､早くも家族とは切断された。かつてのKの部下だった男は、車にKが乗り込むや否や「これをつけてください」と白いピケ帽と白いマスクを渡した。Kは、この真夏にこんな暑苦しい格好もないもんだ、と思いながらもそれをつけた。

新宿では車を止めやすいOホテルにはいり、ロビーにある広々とした喫茶コーナーへ行った。家族で一テーブル、そばに救対部が一テーブルとわかれてすわった。兄は「あのマスクの格好は何なのだ」とあきれた様子でKに言う。

「あの車は公然車両で、警察とか、革マルとかに見張られてるらしいのだ」

「あれではかえって怪しまれるだろうに……」

「自己満足だね」

「ふん。ビールでも飲むか」

「うん」

彼らは改めてKの出獄を祝い、乾杯した。しかし、Kがずっと飲みたいと思っていたビールは全然うまくなくて、ただ苦かった。

Kは「甘いものが欲しい」とメニューを見て、クリームソーダを注文した。

Kは無言で、一口、一口を味わいながら「この先どういうふうに展開するのか」と自問した。目を上げると母がじっとKの方を見ており、「そんなものが美味しいんだね」と言った。Kは涙が出そうになったが、K子に向いて、「一〇・八で愛宕署から保釈になった時、お袋が一人で迎えに来てくれたんだ。夕方だったのでおれはうまいものを食いたい、というよりどこか賑やかなところがよかったので、新橋の焼き鳥屋に入って一杯やったのさ、お袋と一緒に」と言った。

「そう、私はもう八王子に勤めてたからね」

母は「そんなこともあったね」とあいづちを打った。K子は「差し入れにいったね、でも、接見禁止であえなくてね」と思い出して言う。Kは「そうだったね、あの時、看守がお前の彼女が来たぞ、と教えてくれて、あまりはきはきしているので婦警さんかと思ったよ」って。

そこでようやく皆は笑い顔になった。

それも随分昔のことのように思い出されるのだった。

兄はとくにこうしろ、と言うようなこともなく、ただ「またやるのか」と聞いた。

「まあとにかく様子を見て……」とKは言葉を濁し、救対のほうを見る。

ホテルロビーには不釣合いな、薄汚れた三人が座っていた。

家族とはそこで別れ、Kは救対部の車で池袋に向かった。車外の町は、四年前に比べて色彩に満ちていた。K子と一緒にもっと自由に街を歩いて、「出た感触」を楽しみたかった。光に満ちた外の景色は、地裁から東京拘置所（巣鴨）へ護送されて帰ってきたときの気分がかぶさり、重苦しく見えた。

K子が二〇〇万円の債権を買わされた「新社屋」に着くと、それは三階建ての「ましなビル」だった。一階はシャッターが下りていて、救対が脇の鉄の扉をたたくと中から開いた。押し込まれるようにして中に入ると、二階まで続く急な階段があり、薄暗い階段に社防（ガード）のメンバーが何人かいた。本部らしい部屋に通され、救対部から本社にKの身柄は引き渡された。本部室には良く知っている正村君がいた。彼はH氏の非公然車のドライバーをしており、KとH氏との関係は良く知っていた人だった。Kはなつかしく笑いかけ、彼は大きな笑顔でKを迎えると日本酒の四合ビンを掲げて「おつかれさんでした。あとで一杯やりましょう」と歓迎した。だが、あとにも先にも歓迎の言葉を聞いたのはこのときだけであった。

山路が本部のキャップらしく、Kに会うとあまり話をしたくない様子で、それは多分疲れすぎていたためか、顔色もよくなかった。Kはさらに吉沢にひきわたされ、彼から「指導を受ける」ことになった。

宿泊用の部屋に座らされ、「指導」が始まった。

一〇・八の被告団で事務局をやっていたKは同じ被告で、同じ一年二ヵ月の刑を打たれた吉沢のことは良く知っていた。早稲田大学、雄弁会出身、政治家志望、父親は元海軍軍人。小柄でやせた男である。開口一番彼が言った。

「たった一ヵ月が辛抱できなかったのか」

「本多さんがやられて、見切りをつけようと思ったのか」

「そういうのは機会主義だ」

「お前は本多さんの不肖の弟子だ」

Kは発せられたどの言葉、罵倒にも傷つかなかった。ただ黙って聞いた。腹の中で思う。

《たった、たったの一ヵ月、それが大事なのだ。「たった」といえるお前は何者だ。たったの一ヵ月を自由に生きるのはおれの権利だ。お前のじゃない》

《機会主義なら、とうに今頃は自宅で宴会をやっているさ。おれが何で戻ったか知りたくないか。戻ろうとする同志を獲得しようと思わないのか》

《不肖の弟子だって？　お前は自分が正統派だといいたいのか。そうやって社内政治でのしあがってきたのか》

《かつて弁天橋の装甲車の上でともに戦った同志に言う言葉がこれか》

Kは吉沢がなにか別のものと闘争している、彼の背後に党内闘争があって、それに向かって挑んでいるように感じた。三〇分間ちかく彼は演説した。Kは全く耳に入らなかった。ばかばかしくて涙がにじんできた。吉沢は猛々しく言う。

「お前のその涙の意味を考えろ」

あまりの断絶感にKはただ涙した。

《いったい何が起こっているのか》

それればかりが気になった。かつての常任の世界では留置場から出てきたときも、政治状況と党内の問題は必ず説明があった。今彼が言っていることは「前進」にかいてあるような「公式的」な情報ばかりであった。

《誰か絵ときしてくれる奴を探さなくては》

吉沢は機関紙を何部かと原稿用紙、ペンを投げ出し「よく読んで、自己批判書を書け」といった。「自己批判書が承認されるまで、禁足だ」とも命じた。

Kは貴重な一ヵ月が禁足でこの汗臭い布団部屋で費やされるオソレを感じた。しかし、本心を書くこと、組織に自分の内面を明らかにすることはしなかった。自己批判書は「こうであるべきであったのにもかかわらず、そうではなかった非。こいう政治状況下では、かくあらねばならないのにもかかわらず、そうではなかった非。今後はかくあるべく粉骨誠心誠意努力すること」をひたすら書き連ね、突っ返された。そうすると「政治論文からの引用」ばかり増えて分厚くなっていった。

布団部屋にカンズメの日々は刑務所の舎房以上に息苦しかった。誰とも話ができない。話をしても楽しい雑談とはならない。「たった一ヵ月の仮釈をもらって出てきた不良党員K」のことは知れ渡っているからなのか。

一週間がたち、K子が面会に来た。

布団部屋に二人きりになって、ようやくK子とゆっくり話ができた。Kは押入れを開けた時、汗染みた布団を敷くのもためらわれて、そのまま積んだ布団にK子を押し付け立ったまま、抱き合い、下半身を寄せ合った。扉には錠がないので、誰かが突然入ってくるかもしれない、Kはこのような惨めな交わりは嫌だったが、Kが果てた時、K子は「お帰りなさい、あなた」と言った。

K子は彼女自身の戦いを話した。

それはKも驚くような、黒田寛一（革マル議長）の実家を盗聴するという作戦に使われたという話であった。

K子は「たった一人でその拠点から撤収しなくてはならなかった。常任の指導も、本社の援助も何もなしに、家財は全て引越し屋に投売り、ほとんど着の身着のままで逃げなくてはならなかった」と一番苦しかったことを最初に話した。話しながら泣いた。「引き受けなかったら、中にいるKによくないことがあるような気がして……」とまた泣いた。

Kは本社常任の立場を捨てきれずに、その残った一パーセントくらいの指導部意識で、「引き受けられるような活動家がほかにいなかったんだろう」とその作戦を指揮した常任をかばった。

「しかし、つれが獄中にいることを知りながら、よくもそのかみさんを第一線に送り込むよなあ。指導部はいったい誰だったのだ、地区委員会か、本社か」

「本社の丘さんだった」

「詳しく話してくれ」

　K子はKの下獄後、三多摩常任のつれあいと日野にアパートを借りて同居していた。三・一四の後、K子だけが本社常任の指示で、府中の盗聴作戦用アジトに移らされた。毎朝通勤し、アパートを借りるにもなんら怪しまれることもない「公務員」であったから好都合だったのである。黒田病院の筋向いにあるアパートは既に選んであって、なんら怪しまれることもなく、不動産屋と契約し、入居した。日野のアパートには移動する必要のない家財を置き、一部は親戚に預け、黒田の実家盗聴アジトへ移った。夏ころだった。

　K子はいわばカモフラージュ要員であったから、作戦がどのように進行しているか知らされず、冬のある日、職場の誰かから「解放」紙を見せられた。そこには黒田病院の近くを歩くK子の望遠写真が掲載されていて、それは敵対党派・革マルが盗聴アジトの存在を「知っているぞ」という一種の警告記事であった。驚いたK子は指導部に連絡を取ろうとしたが、地区委員会も本社の常任も連絡はとれず、自分の判断で撤収の道を選ぶしかなかった。日野のアパートは同居していた女性が戦線逃亡し、契約していた部屋自体がなくなっており、残していた家財も勝手に処分されていた。そこに戻ることはできなかった。府中アジトはそのまま放棄せざるを得ず、K子は親戚に預けたわずかなもの以外の全てを失った。

《黒田病院の向かいに盗聴アジトを構える危険もさることながら、盗聴と言ったところで黒田の所在について実家との電話で情報が取れるとは思われず、むしろ何かの作戦を構え、反撃の姿勢

を示す、苦し紛れのアリバイ行動としか思えない》
《盗聴の実効性よりもインフォ作戦を展開しているというインパクトだけのためにK子を投入し、敵対党派・Y（革マル）の前にさらした》
《指導部は指導放棄、活動家一人を残し敵前逃亡》
《K子が見捨てられた、と感じたのは当然だ》
《党が逃げている》

Kの頭に様々な考えが浮かぶ。

もはやKには常任として「党の立場」から何かを言う、わずかな立場性も残っていなかった。

その後も組織からは何の連絡もなく、何の説明もなかった。K子は居場所を失い、実家に帰るわけにもいかず、友人の家に転がり込み、そこから職場に通った。相談したいKの出獄にはまだ一年余もあり、それが一番つらかった。

Kに相談したなら「やれ」と言っただろうか、それとも「それはやめておけ」と言っただろうか、K子はKの出獄の日まで自問し続けていたのだった。

《一体この作戦の指導者は誰だったのか》

作戦の指揮者は本社常任の丘だったという。この問題をK子ひとりの犠牲のままにしてはおけなかった。しかし、今のKは禁足・蟄居《ちっきょ》の身で、丘がどの戦線にいるのかも分からなかった。Kの胸のなかには活動家・K子へ「ひどいことをして済まなかった」と言う指導部としての気持ちと「なんという滅茶苦茶な人の使い方をするんだ。おれが獄中にいることをいいことに使い捨てにしやがって」という組織と丘への怒りとが渦巻いた。K子もまた前線にいたのである。そして、見捨てられたのである。

自己批判書は二週間に二度つきかえされ、Kは布団部屋で息が詰まってきた。外出のチャンスは二回あった。

仮釈中には保護観察がつくので、Kの場合は自宅に近い西小山の保護司のところへ現況報告に行くことが義務付けられている。だが、まだその期日は先であった。もう一つ出獄後にしなくてはならない事務的な手続きは、運転免許証の書き換えであった。刑務所が発行した「在監証明」の書類をもって陸運事務所に行き、失効している自動車の運転免許を復活させることである。Kはこれを理由に外出の許可をとった。ところが、下野という最悪の小官僚が同行することになった。

鮫洲の陸運事務所で手続きを終えると、昼近くになっていたのでKは、直ぐ前にあるツケ麺屋の前で、「ちょっと早いですが、ここで昼飯を食っていきませんか」と誘った。下野は即座に、「免許の更新ということで外出許可をもらったのだから、食事はだめだ。社に帰る」と言ったのだった。

第一線で戦って、服役してきた同志にむかって、戦闘が始まると真っ先に逃げ出すこういう輩が、すでに組織にのさばっているのだった。Kは歯噛みして我慢し、帰り道に全く口を利かなかった。電車の中でぴったりと横に座る下野。その刑務所の看守並みの仕事振りがおかしくなって、笑い出してしまった。ともかく、脱出の準備の第一歩は滞りなく済んだという気分が怒りを楽にしてくれた。

三度目の自己批判書き直しで三週間が過ぎた。

保護司への出頭の日には救対部が車を出して、送り迎えをし、Kを監視した。保護司は西小山の牛乳屋の親父で、「今月一杯で刑期は終了です。おめでとうございます」と言い、「後の数日を事故なく過ごすように」とも言った。洗足の実家は目と鼻の先であったが、前を通ることすらできなかった。

月末になって「不十分ではあるが、自己批判書は受理された」と指導に当たる吉沢が伝えてきた。結局、「しみったれた一ヵ月の仮釈」は「しみったれた自己批判」で費やされてしまった。Kの一ヵ月をそのようにつぶす……それが処分だったのかもしれない。いずれにせよ、正式な「処分」というようなものはなかった。

Kはそれまで我慢してきた質問があった。吉沢に問う。

「三・一四についての党としての総括はどういうことだったのですか」

答えは簡潔だった。

「それを言ったら、山脇さんに酷だろう」

Ｋは言葉を失った。さらに話を進める気力がうせた。

こいつは下部への対応でいつもこう言って来たに違いない。山脇麻子さんは彼のつれ合いである。「個人責任」で逃れるやり方だ。

《Ｈ氏がたった一人で殺されたのは、組織の防衛隊がいなかったからだろう》

《なぜ彼を孤立させていたのだ》

三・一四当時の獄中での熱い疑問はここで議論はできない、とＫは思った。かれらはまともに総括していない。Ｋは自分がまともに相手にされていないと感じた。

「本社に所属して、任務、配置は山路氏が行う」とだけ通告し、吉沢はそそくさと部屋を出て行った。Ｋは自由になったのか、それともさらに強固な管理下に移行するのか、不安を持ちながら本部の山路のところへ行く。

山路は「社内業務、食当専任」をＫに命じた。


「食当専従」

それまでの「食当」のやりかたを、統括していた常任から引き継いだ。

原則は一人一日千円で三食をまかなうこと。朝、昼は軽くてもよいが、夕飯だけは満足感のあるメニューを考えること。印刷局は肉体労働であるから、カロリーを考慮すること。毎朝その日の食事数を申告してもらい、前金で集金すること、集金した金で材料を買うことなどなど、つまるところ寮の賄いのようなものだった。

買出し、調理、配膳の要領がわかるまでは、それまでどおりのやり方で作業し、改善点はKの裁量で変更してよい、ということになった。

Kが一番驚いたのは、夕食のメニューは実際に調理をする「各部署の食当」が自分の好みで考え、その材料はマーケットの八百屋の親父に一括注文し、八百屋がマーケットの肉屋や豆腐屋をめぐって買い集め社に届けてくる、というやりかただった(それは対テロでは必要な対策ではあったが)。八百屋は「商社」化して、ひどく高い買い物となり、さらに問題なのは、残った素材を翌日の「食当」が全く考慮しないでメニューを決めていることだった。Kが監禁されている間に出された「牛丼」の翌日に「鳥のささ身のだし煮、ほうれん草のおひたし」のわけが分かった。牛丼は料理も早く、カロリー的にも多めであり、食当は印刷局。鳥のささ身は、食欲はあまりなく、料理を楽しみたい編集局が食当だったのである。

調理場は出入り口に近い六畳間の台所で、厨房器具も限られていた。平均一日五〇人からの食事の厨房にしては狭く、飯も二つの家庭用電気釜で二回炊かなくては供給できないので、時間がかかり、食当は二時間も三時間も作業にとられてしまうのだった。胴鍋も中華なべもなかった。

調味料は整頓されておらず、かびたみりんや味噌の容器が流しの下からいくつも出てきた。

一週間後、各部署の食当のサポートをして流れをつかんだKは、今後は全ての食当作業は自分ひとりで行う、と宣言し、各部所は苦痛であった食当から解放されることを歓迎したので、その提案は受け入れられた。マーケットの八百屋に仕入れを一括依存するのを止め、ちょっと離れた椎名町や住宅街の商店街に出かけて仕入れることにした。食パン、牛乳、ティーバッグの朝食は直ちに炊き立ての飯、味噌汁、手もみキャベツのおしんこ、スクランブルエッグに変わった。

仕入れの仕方が変わると、三万円、五万円と手持ちの仕入れ資金が増えていき、Kは電気釜を三升炊きのガス釜にかえた。胴鍋を買い、秋、冬向きのメニューが作れるようにした。さらに、屋上のプレハブに待機している、さまざまな用事で上京した地方活動家や、学生、社防待機メンバー向けに中古の冷蔵庫を入れ、一種の自動販売機にした。

二ヵ月後には三里塚の知り合いの修理屋から中古の日産乗用車を一〇万円で買い、千葉ナンバーのまま、仕入れ専用車にした。築地の箱買いで、一本四八円で仕入れたジュースや缶コーヒーは一〇〇円で売り、利益を上げた。さらに仕入れの余裕ができると、台所の大掛かりな改修をした。家庭用のガス台は業務用二重コンロに変え、換気扇も業務用に変えた。台所と同じフロアにあるトイレは公衆トイレに近い利用状態だったので、トイレの掃除用具を調え、ドアの上には殺菌灯を二基設置し、台所の流しで手洗いをするのは禁止した。

Kはこの仕事を嬉々としてこなした。料理のメニューは料理本を見るまでもなく、三年二ヵ月の間に獄中で食べたかったものを網羅した。仕入れの量、一週間分の献立の組み立て、資金計画、全ての場面でうまくいった。Kは自分にそういう才能があることを改めて知った。どこでもやっていかれる、という自信にもなっていった。

不思議なことではあるが、Kは政治会議には全く出席しなかった。本部付常任であっても、単なる飯炊きのKには指導すべき「下部」はいない。政治方針を伝達、徹底するための会議は不要であったのだ。Kは初め、心細い気分であったが、そのうち気軽でよい、と思うようになった。軍艦の船底で海戦のさなかにも五〇〇人分の飯を炊いていた「海軍飯炊き兵」のような気分であった。そうした気分を膨らませたのは、Kの寝床だった。かつて監禁された和室ではなく、本部の電話デスクの上に、天井を取り払った中二階が作られていて、はしごでその一五〇センチほどの隙間にもぐりこみ、窓も電灯もない、真っ暗な空間で、懐中電灯で本を読み、寝るのであった。朝食は午前五時から準備し、七時に配膳した。八時には片づけを終え、一〇時ころまで寝床に潜り込んで休み、一二時過ぎには昼食を作り、出した。夕食の下準備をすませて、五時まではゆっくりと過ごせた。報告書も会計報告もない、気楽な食堂のおやじ、の感覚で厨房に用意してある日本酒を一杯飲んで、蚕棚のベッドで眠るのだった。

食事の評判は上々で、特に炊きたての飯、鶏がらと昆布のスープ、納豆、おしんこの朝食は社防の仲間に人気があった。彼らはこの任務を終えて会社に出勤するのだ。

ときおり、肉が食べたいという印刷局の要望にこたえたり、魚が食べたいという要望にこたえたりした。軍隊と刑務所では刺身と焼き魚は出ない。手間の問題と食中毒の問題があるからだ。ここでもそうするしかない。しかし年の暮れ、刺身を食べたいという要望がたかまり、都合よく活動家の親類が魚屋をやっているのを聞き、そこに五〇人前のマグロをたのむことにした。それほどの量の刺身を入れる冷蔵庫はないので、帰社すればすぐに配膳できるように飯と味噌汁の段取りをして、夕方車で乗りつけ、さっと受け取って、さっと帰社して配った。忙しいが、手間のかからないメニューではある。

暮れに、正月は市場が閉まるので四日分の素材を買いに築地の場外市場に行った。一人では扱いきれないので救対部から一人応援に来てもらい朝四時に出て、尾行がないことを確かめるために、まず川越街道を北へ向かい環七から目白通りをへて、次第に南下し、新橋から築地へと向かった。走っている車はタクシー以外にはあまりいないので、複雑な尾行切りの走行は必要なかった。築地に着いてもまだ夜は明けていない。四日分の食材はまずは雑煮用鶏肉、おせち料理系のごめ、かまぼこ、栗キントン、まき卵焼き、ハム、ソーセージ、生卵（二ケース）。つぎにおでん材料。三日目用に肉じゃが用牛肉たち落とし、じゃがいも、と揃え、四日目用はハムの厚切りソテーにふかしジャガイモでよかろうと、じゃがいもは二〇キロ二箱を買った。昼用のカレーのためににんじん、にんにく、たまねぎ業務用ルー一キロ二箱を買う。台車はなかったので、二人でダンボール二箱ずつもって車に運び、運びして、大汗をかいた。積みこんだ乗用車は重みで、車体の尻が沈んだ。

夜が白々と明けていくころ、買出しは終わり、Kは場外のすし屋にはいった。仕入れ職人用の店である。並寿司を三人前とると、助っ人の救対部の男はいぶかしげにKの顔を見るのでKは察して、「いつもこう贅沢をしてるわけじゃないよ」と釘を刺しておいた。


年明けに大きな会議があり、地区常任が大勢集まった。昼過ぎに廊下でばったり石井に会った。かつて、破防法事務局でKの下にいた常任である。Kは昔のよしみで「今どうなっているのか、絵解きしてくれ」と頼んだ。彼は周囲に気を使いながら「ここじゃまずいから、紀尾井町のホテルのロビーで二時に」とだけ言ってそそくさとその場を離れた。

ホテルロビーでの三〇分間の話で分かったことは、Kが出獄してきたころ、ある種の分派が生じて粛清が収束したころだったということだった。若手活動家の造反であったらしいが、Kにはそれが右からなのか、左からなのかも良く分からなかった。

三・一四以後、いわゆる諸戦線（破防法裁判、沖縄、女性解放、障害者共闘、中国・朝鮮問題などでの動揺もあり、これらにたいする党としての指導体制は解消したことを知った。軍事的、防衛的な観点からはやむをえないだろうとは思ったが、公然活動、大衆運動を切り捨てていけば、丸裸になってしまうのになぜ捨ててしまったかといぶかった。

この過程で、「破防法裁判闘争を支える会」は解散し、事務局にいた五、六人はほとんどが召還

（戦線から離れること）してしまったのを知った。

石井は「自分もそうだがKさんは本多さんに近かったので、造反組と合流すると思われている。今後は要らぬ詮索が入るから、社でも話しかけない方がよい」と最後に言って、分かれた。

《不良党員の窓ギワ、という扱いの背後にそういう経過があったのか》

Kはようやく自分の位置が分かりかけてきた。

正月が終わると、突然「本社常任」らしい任務が飛びこんできた。二日ほど食当を各部署に割り当て、Kは三里塚に向かった。

「石橋政次副委員長が、杉並の決起集会に来ないと言っている。本心は分からないが、反対同盟から抜ける考えらしい。なんとかして集会に連れて来てもらいたい」という任務だった。

再びの三里塚

Kは六七年、本社常任になって間もない頃、三里塚芝山連合空港反対同盟への支援を決めたNCの指示で「三里塚現地闘争本部」の設営の任務が与えられた。それも会議によって決定というような順当なものではなく、全学連の三里塚援農がバス二台で行われた折に、帰郷するバスのなかで全学連委員長（秋山）から指示され、そのバスから降りてそのまま反対同盟本部に転がり込む、という性急なものだった。

ブント、第四インター、解放派など三派全学連の党派闘争の流れのなかで、反対同盟共闘支援の対応は、中核が立ち遅れていたのは事実だった。各派は反対同盟の農家や同盟の本部などに一人、二人の常駐員を置いていた。この立ち遅れを一気に挽回するには、現地常駐の常任が必要だったのだ。Kは反対同盟に、中核派の意気込みを理解してもらうために石橋副委員長宅に隣接する同盟本部と戸村委員長宅とに数日おきに泊めてもらいながら、反対同盟との親交を深めた。

ある朝、Kが石橋さんの豚小屋の掃除をやることになり、一〇頭ほどの豚たち、五、六頭のめん羊の世話をしているときに、NC千葉県委員会の堀田さんが「東京で臨時の会議がある」と迎えに来た。「あと少しで終わるから」と彼を待たして、豚の糞尿を片付けると石橋さんが出てきて「これは少ないけど」と二千円くれた。Kはちょっと戸惑ったが、堀田さんがにこにこしながら「もらっておきな」というのでKは受け取った。東京に行くので金が要るだろうという心遣いがありがたかったが、毎日、家族と同じ食事を分けてもらい、泊まらせてもらっているKにとっては、とまどいがあるのも事実だった。

石橋家の普段の食事はかんたんなもので、めし、味噌汁、白菜漬け。夕食に落花味噌が付くくらいだった。味噌汁の実はサトイモの芽を摘んだもので、サトイモ本体が入っていたことはなかった。Kは多分、春に畑に入れる種イモの芽だろう、と思った。

ある暖かい日に、石橋さんのトン舎でものすごい悲鳴が上がり、見に行くと獣医が子豚の去勢

=金抜きをしているのだった。かみそりで下腹をすっと縦に切り、まだ腹の中にある睾丸をぷりっとひねり出し、あっという間に玉を切り取ると赤チンを塗っただけで放した。仔豚はまだ一〇キロにもならないちびだが、捕まってから、放されてもまだ、ものすごく大きな声で鳴き叫ぶのだった。Kは面白がって見ていたが、オス六頭全部の玉が抜かれ、それが地べたに投げ捨ててあるのを見つけ、洗って、塩を振り、火鉢で焼いて食った。

この様子を見た石橋さんは、「本当に食ったか、あやー、おっかあ、ひろ子（娘さん）、Kに近付くでねーぞ。今、仔豚の金玉全部食ったからアブねーぞ」と、笑いながら大声でよばわるのだった。「ホーデン焼きとは何ぞやだよー」とKはすましたものだった。実際、こりこりとして、何の嫌味もなく旨いものなのであった。

数日後、天気がよいので銚子まで行こうかと石橋さんが誘ってくれて、銚子港まで遊びに出かけた。昼近かったので市場は閑散としていたが、遅く上がってきた船の漁師がカワハギを仕分けしていた。大型のものは料理屋に行くのだろうか、バケツには小ぶりのものが一杯入っていた。石橋さんは値段交渉して全部を千円で買った。その晩はカワハギを分けてもらい、煮つけたおかずにしてうまい晩飯になった。それは石橋さんなりの心遣いだった。

石橋さんにとって、子豚の玉を焼いて食うKは、ちょっと変わった全学連の学生に映っていたのかもしれない。

東京の会議で「現闘」の強化のため、法政と東工大から一人ずつ学生活動家が常駐に来ることになった。

二月は農家の作業的には農閑期ではあったが、近郊農業の三里塚ではサトイモや鶏卵、落花生などの出荷が毎日あり、援農は歓迎された。土日には全国から貸し切りバスや京成電車で何十人と援農にくるので、Kたち三人はそれらの世話をした。三人は、どの同盟員の家は何人の受け入れができる、援農の内容、地理関係などにだんだん詳しくなっていく。反対同盟はそうした中核派の積極的な支援に応えて、中核派として独立した一戸の作業小屋を貸してもらえることになった。駒井野という三里塚らしい地域にある、かつては農産物の集荷場として使われていた一〇坪ほどの小屋だった。暖房は囲炉裏で、水道は来ていたが屋外だった。トイレはもちろん屋外で、掘り抜きの穴に板を渡し、笹で囲いがしてある簡単なものであった。

ここへ三人は寝袋を持ち込み、自炊しながら活動することになった。毎週、援農に来る仲間たちになんとか現地らしい情報を伝えたいと、ガリ版で『闘う駒井野』という不定期刊の新聞を創刊した。

初めは室内に掲げていた大きな全学連の赤旗を竿で掲げたいものだと、三間ほどの長い竹竿を手に入れ、ある日小屋に立てた。見渡す限りの畑のなかの小屋に立った赤旗は、小さく（室内ではあれほど大きかったのに）たよりなげであった。それでも、三人で全学連現地闘争本部を作った、という充実感があった。

石橋さんはときどき小屋を訪ね、何か要るものはないかと気配りをしてくれた。ヤマ（三里塚は台地で山はないが、谷に杉林があるようなところをヤマ、といっていた）で薪を取ってもよいという許しは出ていたが、薪になる枯れ木はあまりなく、炊事ではいつもくすぶる薪に目を真っ赤にしていたので、プロパンガスの世話をしてくれたり、一番近い家は大木よねさん宅だったのでよねさんが「落花味噌」をもってきてくれたりした。石橋さんのおばあさんは、彼女のこずかい稼ぎの鶏卵（毎朝、一〇個くらいとれる）のうち、小さくて商品にならないものや、ひょうたん型の変形たまごなどをくれた。出荷用鶏卵の磨き援農にいっている一人は、ひび割れの入った、商品にならない卵をお土産にもらってきた。

二・二六前夜、関西、東海地方の参加者たちが貸し切りバス五、六台で到着した。Kは天神峰反対同盟本部前庭に、各大学、地方委員会リーダー数十人を集め、その夜の宿泊について指示を出した。同じ部落に行くグループにその地区の反対同盟役員をつけ、その役員の指示に従って投宿するようにハンドマイクで差配した。四〇以上のグループがてきぱきと動き、ものの三〇分で分宿の態勢はとれて、全く混乱はなかった。これに石橋さんは驚いた。しきりに感心して言った。

「全学連のアンちゃんかと思ったら、どうしてどうして、あれだけの人数をうまいことさばいたなあ」

Kはその後、二・二六三里塚集会での機動隊の襲撃、戸村委員長の負傷という局面では救対部を指揮し、成田日赤病院への負傷者収容に奮戦した。

その一週間後に、Kは王子野戦病院闘争でデモ指揮をして、逮捕・起訴、拘留された。

その後、闘いは一気に高揚局面を迎え、Kの任務は高崎経済大の学園闘争、一〇・八羽田闘争、佐世保闘争、そして東大闘争と続き、その後は一度も三里塚には戻らなかったのであった。

農民・石橋政次

石橋さんの家に着くと、長男の武司さんが出てきて「親父は反対同盟のNさんと一緒に釣りに行っている」とのことだった。場所を聞くと「酒々井の農業用水だと思う」とのことで、はたして広い水路で見つかるか、確信はなかったが、車で行った。

まっすぐなスーパー農道が、農業用水と交差するところで車を降りて見渡すと、二〇〇メートルほど西の陽だまりに人影が見えた。Kはあれに違いない、と土手をぼくぼく歩き、五〇メートルくらいまで近づくとその人影はいぶかしげにKの方を向いた。石橋さんとNさんだと分かった。Kは手を上げて、呼びかけ、近づいてから名乗った。

石橋さんはいがぐり頭にタオルでホッカムリの格好で、「生きてたかよー」と上から下までKをゆっくりと眺め、なつかしそうな笑顔になった。

「未決入れて五年ばかり勤めてきましたよ」

「去年の八月にめでたくシャバに帰ってきました」

　四方山話となった。

　Kが来たのは、遊びに来たのではないとは分かっているので、話はあまり弾まない。

「Kは結婚したのか」

「ええ、七〇年に下獄する前に結婚しました」

「やっぱり中核の人か」

「いいや、高校時代の同級生」

「うまいことやったな」

「二、三年は付き合っていない時期があるんですが、おれの方が大学に入ってからまた付き合うようになって、結婚した時にはもう一〇年付き合ってきたかみさんみたいで……」

「お前のお古で良いから、誰か彼女を紹介してくれよ。武司に」

　軽口に笑いながらKが石橋さんの顔を見ると、その目は笑ってはいなかった。

「堀田さんにも言ったんだが、中核ちゅうのは、なんで青年同盟の連中とかといっしょにならねえのかねえ」

「うーん。中核派は真面目だからね。悪く言えば融通が利かない。自分が良いと思っても組織の縛りがきついから。個人の自主性がないということかもしれないね」

「ほかの党派じゃ、ぽんぽん子ども作って、一緒になってるじゃねえの」

「そこがお堅いのさ、政治活動一本で恋愛が入り込めない」

「武司に嫁がもらえない、おれが反対同盟副委員長やってるから、余計に嫁の来てがない、もうこれ以上はむりだ」

「話は違いますが、杉並の集会に出てもらいたいという話は聞いていますか」

「断った」

「私が行って、もう一度考え直してもらうよう、という用事で来たんですよ」

「Kがきたって変わらねえ」

「同盟も辞める、って聞いてますが、本当ですか」

「うん。Nさん（と隣をむいて）とも相談して、これ以上は無理だと、嫁の来てがない、農業やっていく見通しが立たないのじゃ、同盟でがんばっても何にもならねえ」

「それはそうですね」

石橋さんの釣り糸は全く引きがなく、ときどきえさを変えた。Nさんの方は話している間にも二、三匹の鮒を釣り上げていた。

「おまえもやるか」とKは釣竿を一本渡され、用水に釣り糸をたれる。

「Nさんの甘露煮はうめえぞ」と石橋さんはNさんの腕をほめる。Nさんは全くものを言わずに、もくもくと釣っていた。Kの浮きにはちょこっと当りがあったが、あわせるのが難しい。

結局、一匹も釣れなかった。じっと無言で釣りの浮きを眺め、二時間ほどが過ぎた。

Ｋは本心で語るつもりで口を開いた。

「石橋さん、私もね、中核とは縁切りにしようかと考えているんですよ。石橋さんとは立場が違いますけども、私のような者の居場所がなくなってきてるんです」

「おめえも辞めるのか」

「一ヵ月仮釈をもらったのですが、これが規律違反だということで、絞められましてね」

「早く戻ったのがいけないのか」

「頭下げて、仮釈下さいって言ったのが、権力への屈服だということなんです」

「中核に帰るつもりはあったのだろう」

「もちろん」

「それなら、早く活動ができるからいいじゃねえの」

「節操の問題でしょうかね、権力に頭下げたり、尻尾振ったりしたらもう駄目、と言う考えなんですよ」

「ふうん、厳しい組織なんだな。まけてくれるなら頭下げてもいいじゃねえか」

「…………」

Ｋは本題に入った。

「反対同盟も中核派を利用して運動を広げた、中核派も同盟との共闘を利用して組織的な拡大をしてきた。お互い利用しっこしてきたわけです。石橋さんは政治的な理由というより、石橋家存続の危機みたいな状況になってきていて、もうあとが無い。それは良く分かります。辞めるにしても、これまでの関係にけじめをつけて、中核派への決別の辞みたいなものがあっても良いと思うのです。そう考えて、杉並の集会には来てください」

「…………」

「たのみます」

「…………」

三時を過ぎると急に冬日はかたむく。Kも寒さを感じてきた。

Nさんが言う。

「もう釣れないからそろそろ帰ろう」

石橋さんがぽつりと言う。

「Kの頼みじゃことわれねえから、行くか」

「ありがとうございます」

「今日は本部に泊まるのか」

「はい」

「そんじゃ後で一杯やっか」

Ｋは地区委員会の堀田に連絡を入れ、明日千葉から杉並集会に参加するバスに、石橋氏もＫも合流することを伝えた。

翌日、東京へ向かうバスのなかで、学生や労働者の決意表明が順番にマイクを回して行われ、Ｋの番になった。「六七年一〇・八羽田以来の古参兵である私は、獄中五年間のブランクを乗り越え、一兵卒として頑張る」というような演説をした。それは真っ赤な嘘で、Ｋは石橋さんが同盟をやめるのと歩調をあわせて脱党する決意の一部だった。

杉並集会は成功した。

Ｋは脱党の準備に自分の車を用意した。

中古屋の店頭ではなく、雑誌の個人売買でトヨタマークⅡクーペを買った。その車は目黒のダイエイの裏の駐車場を借りて隠した。

準備は整った。

夜の東名高速

だが先を越された。大沢が姿を消したのだ。

「週刊三里塚」という新聞を一人で出していた常任の大沢が離脱したのである。

大沢は六三年革共同分裂以来の党員で、Kには党歴二年先輩にあたる。新宿騒乱闘争、四・二八沖縄闘争など同じ書記局にいながら、縄をなうように、交互に闘争の指揮に当たっていたので、Kと大沢との闘争履歴は同じ時期の表裏をなしていた。

Kは出獄してこの数ヵ月の間、顔をあわせてもあまり口を利かず、むっつりとした大沢が何かを考え込んでいることは分かったが、話す糸口がなかった。

彼は屋上に増築されたプレハブの小屋にデスクを持っていて、そこで原稿書きをしていた。ある日の午後、Kは「自動販売機」の売り上げを回収に屋上大広間にあがり、ついでに大沢の小屋に行った。その日は原稿も一段落した様子でKの話相手になった。お互いの獄中生活のことや、昔の「六つ又ロータリー時代」のことや、六五年に大阪での集会のあと若狭まで海水浴に行った思い出などを語り合う。話はおのずから「三・一四のときにどこにいたのか」というところへたどり着く。

「あの日は、おれは社防をやっていた。知らせが入った時は本当に目の前がまっしろになってなあ。呆然も呆然。なにも考えられなかった」

Kは獄中にあって、翌日に中部七工場で昼食の時に新聞を見て知ったこと、などを話した。大沢はさらに語った。

「前から本多さんにはチャカ（拳銃）を持った方が良い、と言っていたんだが」

「それは破防法事務局の石井も勧めたらしいが、断られた、と言っていた」

「おれは勧めたんじゃなくて、実物を持っていったんだ」

「本当か。それでもいらない、と言われたのか」

「そう。お前は撃てるか、って聞かれたよ」

「撃てる、とは言わなかったのか」

「そういう場面にならなければ、分からないから、俺は黙って引っ込めた。あの時は強引に『持つべきだ、自己防衛すべきだ』と言えなかったのだ」

　二人の話は別の常任・倉本が部屋に入ってきて、終わった。三階に下りる階段口の上にH氏の写真が掲げてあった。凛としたまなざしで集会参加者を見つめ、演説している姿だった。Kはなつかしく見入っていた。後ろから倉本が追い越しながら言った。

「いつまでも彼のことを考えていてもしょうがない」


「週刊三里塚」はブランケット版二ページ、党の機関紙「前進」とあわせて同じ流通に乗っている三里塚闘争の専門情報紙であった。本来は倉本という東大出身の古参党員を責任者に、EB（編集局）とは別に闘争ごとのチラシなどを制作するセクションであった。大沢が出所してきて、彼はこの実務についた。大沢に全てが押し付けられていた。

　三里塚闘争に特化されているからには党機関紙にはない情報のひろがりと新しさが要求される。一人で取材、記事原稿、写真撮影をやっていくことはフットワークでカバーできるが、組版、見出しトッパン、写真製版の印刷工程管理も一人でやるには手が足りないのは明らかだった。大沢の離脱後、これを引き継いだKは、一回だけEBのサポートがあっただけで二回からは一任された。Kは「破防法裁判闘争を支える会」の会報の編集長をやっていた経験はあるが、それは月刊で、しかもタブロイド版であった。週刊で出して行く自信はない。

Kはとまどったが、ここで逃げては「不良党員」に加えて「無能党員」の脱落になってしまう。やるしかなかった。

一〇年のブランク、三里塚は一本滑走路の空港ができ、全く過去の土地勘は役に立たなかった。駒井野は収用され空港敷地となって、地名自体がなくなっていた。

あちこちを、うろうろとしながら、デモ隊の写真を迫力あるカットにしようと道路の中央で、デモの先頭に近づき見上げる位置で撮ろうとしたが、デモの隊列が直ぐに近づき、後ろに下がりながらの撮影はうまくいかず、何度も、何度もシャッターを切った。すると、デモの学生が何か叫び、Kは黒いコートを着た数人に取り囲まれ、路肩に引き出された。

「お前はデカか」

「？」

「なんで顔写真を撮っているのだ」

「？」

「成田署か」と糾察隊がつめよる。

「おれは週刊三里塚の記者だ」

「？」

「本社の常任だ」

「？」

そこへ千葉の地区常任が近づき、「本社のKさんだ」と身元保証した。糾察隊は「顔は撮らないで下さいよ」と言って引きさがった。

一任された二回目の発行のために、自分の問題意識で一つのコラムを書いた。

「三里塚・有機野菜への試み」――取材したのはノンポリの「入植者」で、もともとの三里塚農民ではない。有機農法をやっていこうとする意気込みと、「三里塚闘争にこそ有機農法」という自分の信念で関わっていこうとする姿勢をKは大切に思った。

しかし、四〇行二段ばかりのコラムが社内で問題になった。

「党派性がない」

山路は中核派のための機関紙に「黒ヘル」の記事を書いたことは「反党的」だと非難した。今後は取材などせずに「前進」を書き写しておけばよいとも言った。

Kは全く信じられなかった。収縮していく感覚、なにもかも取り込んでいくようなおおらかな感覚が枯渇していた。
いったい何をそれほど恐れる必要があるのか。

三号目は言われたとおり、「前進」焼き直しで原稿を書く。

見出しの凸版製版機はなぜか社内にはない。あるかもしれないがそれは「前進」用であって、週刊三里塚用ではない。Kは凸版を作ってもらうために横浜の製版所まで深夜の高速を走る。半分眠りながら、浜崎橋を過ぎる。横浜線の直線道路ではさらに眠くなる。インターを大声で歌う。ワルシャワ労働歌を歌う。歌う歌がなくなると、ただ大声で怒鳴った。凸版を作ってもらい、夜明け前に池袋に帰り着くと組版の仲間がまだ寝ずに、見出しの凸版が来るのを待っていた。

三号目は何も読むべきもののない、写真だけが大きな新聞になった。

三里塚では新しい政治的な動きが始まっていた。四号目にはかならず、ホットな三里塚情報が載るであろう。それを載せるためにこそKはいるのだと思う。

倉本はKの指導責任者で、Kの記事は彼の承認が必要であった。三里塚現地で反対同盟の重要な会議がある日、倉本は自分だけが三里塚へ出向いた。Kには何も知らせずに、である。記事原稿を書かない倉本が会議に参加しても意味がない。それとも単なるオブザーバーとしてなのか。Kは三里塚の生の情報から切断されることに我慢がならなかった。

Kは《くそ、どこまで腐っていやがるんだ》と一人ごちながら、あとのことは何も考えず、直ぐに蚕棚の私物をダンボールの箱につめ、狭い階段を下り出口へ向かった。

階段に雀のように並んで待機している社防の仲間が「これから三里塚ですか」と声を掛ける。「そうだよ」と明るく答えた。背後に「がんばってください」の声を聞く。

Kは千葉ナンバーのスカイラインを急発進する。もうもうたる黒煙をあとに。

Kは東に向かい、南に下り、西に向かい、北へ上り、何度か停車して追尾がないことを確認して、夕方、目黒の自分の乗用車にたどりついた。自分のマークⅡクーペのシートを注意深くはずしていく。フェンダーの内側に貼り付けておいたキーも問題ない。全く異常はなかった。

車を差し替えて、K子のいる実家へ向かった。

勝手口の小さな戸をたたいてK子を呼んでもらい、「組織から離れる。どこかに着いたら連絡するから」とだけ言って、夜の東名高速を西へ向かった。

用賀を通過するとき、H氏の結婚のあとに二子玉川の新居に呼ばれたのを思い出した。獄中では感傷的にしか思い出せなかったそのときの光景は、この時、ネガのように反転していた。

《もしかすると、あの時既に、彼は、党を捨てていたのかもしれない》

六〇年代はともかく、七〇年代には革命家が子どもを作る、同じ活動家の妻に子を産ませる、という市民社会で普通の考えは党内では否定されていた。「妻」この言葉自体が差別的であるとして「連れ合い」と言い換える厳密さがあった。実際、出産、子育てのために連れ合いを戦線から引き上げなくてはならない。夫が子育てをしたにせよ、運動のパワーロスが必ず生れるからなのである。

だがH氏の場合、破防法で逮捕起訴、長期拘留の後に、党の非合法化過程のさなかに結婚、出産という「反党的な」ふるまいをはじめたのだった。

《全くの無防備で、敵対党派・Yの襲撃を受けた》

《拳銃をもつことを、拒否した》

わずかな情報と彼の言葉が繰り返し頭をよぎる。

《襲撃者を撃ち殺すことよりも、自分がやられる方を選んだのだ》

Kは歯噛みし、口の中でつぶやいた。

車が異常な振動を始めたのに気付く。Kは「ハッ」と速度計を見た。

一四〇キロを指している。アクセルの足をゆるめ、減速して左に寄った。

直ぐに見えたパーキングエリア案内表示にしたがってPエリアに進行し、駐車場のはずれに、他車とは離れて止めた。追尾がないか駐車場を見渡す。「由比」という地名が目に入る。一瞬、鎌倉かと思う。そんなはずはない、東名を走ってきたのだから……。

混乱した頭を冷やすため、車外へ出ると、「フッ」と潮の香りがした。

〈海が近いのか〉

闇の中の梢が海風にさわさわと音を立てた。Kは深々と息を吸った。

「死ぬなよ」

H氏の声がはっきりと聞こえた。

「うん」とうなずき、Kは自動販売機のほうに、缶コーヒーを買いに歩いていった。

6 それから

Kは西へ逃れた。

窓ギワ常任の追跡に社の指導部がそれほどエネルギーを使うとも思われなかった。気にはしていなかったが、数日後、洗足に電話を入れた。母が出た。

「倉本さんが来た」

「Kはどこに行ったか、と聞くので『府中を出たとき連れ去ったあなた方に、こちらが聞きたい』って言い返してやった」

母は元気だった。被告の家族会で、他の被告の母親とつきあったのがよかったのかもしれない。

「ほとぼりが冷めるまでは家には帰れないが、時々は連絡を入れるよ」

岡山へ向かう。

父の実家に行き、伯父に会って「活動は止めた」と報告する。三年余りの刑期について「軍隊と同じじゃ」と軽く受け答えしてくれた。全然甘くないコッペパンのアンパンの話をすると「そうじゃ、軍隊と全く同じじゃ」と言い、すべてを「帝国陸軍」の範疇で納得してしまうのであった。Kはこの話をしていて、長く思えた懲役刑も単なる「通過儀礼」のようなものに思われてきて、気持ちが軽くなった。政治的な話は全くしなかった。

一晩泊めてもらい、翌日、市内のビジネスホテルへ移った。K子と連絡を取った。数日後の週末にK子がやってきた。駅から後楽園へ向かい、公園を散歩しながらこれまでの三年間の出来事を心置きなく語り合った。閉園までいて人影がまばらになってからホテルへ向かった。Kは「二年くらい自動車整備の仕事をして、二級整備士の試験に合格したら東京に帰る」という計画を話し、「居所が定まったらまた連絡する。何も心配はいらない」と言った。

K子は納得した。一泊して彼女は帰京する。見送りには行かなかったが、幸せな笑顔をしていた。

名古屋には大学時代の演劇部の仲間がいた。「明治の柩」の主役を演じた山野君である。岡山へ向かう途中で「なにか仕事をしたい」という下話もしてあった。Kが訪れたとき、偶然のことだが彼の店の従業員が腰を痛めて入院してしまっていた。店は、電気店でテレビや洗濯機を売るが、薪や灯油、プロパンガスも売るし、風呂場の工事もするし、水道やガスの配管もするという何でも屋さんだ。

後で知ったことだが、入院した前任者は『お飼い殺し』と呼ばれ、三食と住居を与えられて、一生その店（家）に仕える、そういう封建的な主従関係のようなものらしかった。「お」をつけるところが普通の意味の「飼い殺し」の殺伐たるイメージよりはちょっと現代的ではある。Kは一生世話になるつもりはないから、一応、給料は一〇万円として、三食の食事代と母屋の廊下を改造した古い勉強部屋の使用料で六万円を払うという約束で使ってもらうことになった。

プロパンガスの配達先への道順も覚え、「オガライト」というおがくずをプレスした燃料を四〇個、注文するような古いお得意の家も覚えたころ、傑作な出来事があった。

山野君はKが来る前まで口ひげを生やしていたがそれを剃っていた。Kは東京を離れてから人相を変えるために口ひげを生やし始めていた。Kと山野君とは背丈、体格がほとんど同じだったせいで、お客からはよく間違えられた。そのうち、「東京から今度来た人は、おじいさん（山野君の父）が東京でこしらえた別腹の兄弟らしい」といううわさが流れた。夕食のとき、二合徳利の晩酌を傾けながら山野君がその話をした。おじいさんは笠智衆のようにおおらかに、「はっはっはっ」と笑った。

夏休みが近づいてきた。K子が名古屋に来て一緒に暮らすには山野家の三畳では都合が悪い。山野君が近くのアパートを紹介してくれた。そこは一〇部屋以上ある大きなアパートだったが、とにかく古かった。一階には住人が一人いるが二階は誰か住んでいるのか、いないのかわからなかった。昔、紡績工場が盛んだったころに職工さんたちが住んだようなアパートだった。間取りは八畳部屋と三畳の板の間・台所だけで内風呂はなく、トイレも共同で、学校の便所のようだった。しかし、これでも三畳の勉強部屋に比べれば豪華だった。

Kは車の修理を本格的に始める。近くの西本自動車で三万円のポンコツのワンボックスを買って、アパートの駐車場を「工場」にして修理した。タイミングチェーンがへたばっていたのを仕事後の日暮れまでの数時間、エンジンをばらし、不良部品を交換した。K自身の思惑としては、キャンピングカーに改造したかった。ひと月くらいして西本さんから「あのワンボックスは直ったかい。一〇万円で買う人いるけど、売るかね」という連絡があり、Kはいそいそと売ってしまった。Kには金がなかったから。しかし、K子に無心するつもりもなかった。

この年、K子とは、ほとんど新婚生活だった。ひと夏ずっと一緒に暮らしたのは結婚してから初めてだった。山野電気店のエキスパート、塩谷さんはこのアパートを見て「エアコンがないの」とつぶやくと、ジャンクのエアコン部品を組み合わせて窓付けのエアコンを取り付けてくれた。「なんでも応援するで」と下を向いて、恥ずかしそうに笑いながら言った。エアコンはものすごい音がしたが、冷気は出た。

シャワーはKが自作した。三畳の板の間の隅に大きなたらいを置き、ふろ水を洗濯機に送るポンプでバケツの湯を送り、周りを防水カーテンで仕切ってひと汗流せる仕組みにした。ただ、排水パイプは設営できなので、バケツ二杯分しか湯が使えないのが難点ではあった。

テレビはなかったが、店で引き取った古テレビのスピーカーを外してきてコンパネでボックスを作り、古いアンプとつなげてステレオを作った。このセットでFMの「ジェットストリーム」やABBAを聴いた。

年が変わったころ、二級整備士の講習を受けるために山野電気店を辞め、彼の同級生の栗原自動車修理工場に転職した。これも山野君の紹介である。社長は結構遊び好きの人で、国道沿いにはモーターボート専門店も経営していた。その縁でKは小型船舶の船長資格も取った。主な航行水域は琵琶湖である。ヨットの楽しみもおぼえた。

栗原さんは子供の時からいたずらっ子で、テレビにリモコンがついたころ、リモコン電波を強力化して隣の家のテレビを操作するような悪さをしていたらしい。頭もいいし、器用だった。

後年、中古のヘリコプターを山の中に隠し、自分で整備して時々操縦して楽しんでいた。近隣の人が山の中から時々ヘリコプターが飛び立つのを不審に思って、警察に通報され、「無免許、無登録」で逮捕されてしまった。テレビのニュースでKはこれを見て大笑いした。あの人ならやりそうなのだ。「本物もリモコンのおもちゃも操縦は同じなんでェ」とそのころも言っていたから。

午前中は工場で車検整備、午後から小牧の整備士講習に通う生活が三月くらいあり、春先の国家試験となった。講習を受けていた仲間はほとんどが町の修理工場の息子たちで、きさくに付き合ってくれた。試験の本番では両側と後ろの席の奴らはKの答案をカンニングして一緒に合格した。前の席の奴は不合格になった。

合格発表があり、合格証書がまだ届かぬうちに上京の準備に入り、中古で手に入れた三菱ジープを自分で整備した。

家財もなく、大きなものはスピーカーくらいなのでジープで十分間に合った。K子は下宿住まいだったので、そこへ行くことができない。ちょうどK子の姉が夫とともにブラジルに赴任していて横浜の家は空き家になっていた。国際電話で許しをもらって、ひとまずは落ち着くところができた。

Ｋ子が勤める八王子養護学校に近いところがいい、と相談して八王子に職を探した。ハローワークでいすゞ自動車系の新しいディーラーが整備士を募集していた。応募して、即採用になった。この会社の井口社長はＫよりも若くていすゞが新しく開発したディーゼルエンジンの大衆車「ジェミニ」の販売戦略に商運を賭けていた。だが、いすゞ得意のディーゼルでも、乗用車では販売が伸びず、営業さんは「お宅はトラック売ってればいいの」とかお客に嫌味を言われて帰って来た。三年余りの間、必死に頑張ったが、結局ジェミニ店をたたみ、母体である株式会社・井口自動車に撤退せざるを得なくなった。中古車センターを開き社長以下五人の態勢で再出発したが、ひと昔前のように車なら何でも売れた時代はもう終わっていた。

社長は信用金庫に融資の交渉に行くときＫを同行した。なるべく卑屈にならぬように、事業計画を説明する苦労を共有した。三〇〇万円の小口融資を信金は出さなかった。Ｋは貯金のすべての二〇〇万円を彼に貸すことにした。

社長は彼を気に入って新宿の夜の遊びにも誘うようになった。なじみのクラブの小粋なホステスにも紹介された。彼の恋人だった。

中古車センターにはディーラー時代からの三人の「とりまき」がいたが一人は経理の女性、二人は営業。Ｋは前と同じ整備主任ではあったが、専務取締役だった。営業は残念なことに働き者ではなかった。彼らは展示車を洗うことしか能がなく、交代で外回りということもしなかった。

お客が来たら対応するだけの店番のようなものだ。一年たち、再び資金繰りが行きづまった。

井口社長は自宅で農薬を飲んで自殺し、三億円の会社受け取りの保険金を残した。遺書があり、「家族（子供が二人いた）に一億円を支払ってほしいこと、Kに二〇〇万円借りているから返してやってくれ」という簡単なものであった。

Kは取り巻き三人組から社長に推され、就任すると、遺言通り「死亡退職金」として、遺族に一億円を支払った。井口さんの妻はキリスト教系の団体に入っており、二千万円をポンと寄付したと聞いた。夫婦仲がうまくいっていなかった、という事情も彼にはうなずけることではあった。この後、二億円の資金を得た井口自動車は一億円以上の国税、地方税を巡って、「節税詐欺」にひっかかり、Kは国税局に毎月のように呼び出される、という大波乱がおこる。Kは罪に問われるようなことは何もなく、井口自動車には見切りをつけた。

Kは退職金をもとに自分の会社を作った。広告のプロダクションである。全く今までの経歴とはちがう分野だが、それは大手広告代理店の中堅であった村野君の引きがあってのこと。Kはこの会社でバブル景気を享受し、大きな失敗もなく、それから二〇年の間よく働き、よく稼いだ。

これが、いわばKの市民生活者としての活動である。

◆エピローグ

・前進社の正月

一九六六年の暮れ、六つ又ロータリー近くの前進社で全学連書記局のメンバーが越年態勢の相談をしていた。完全に閉めてしまって電話もつながらないのはマズイということで、電話番を置くことにした。Ｋは一日ごとの輪番制でいくと思っていたら郷里に帰るという人が多く、輪番は無理となり、結局は東京在住のＫがやることになった。

三一日から正月三日までである。Ｋは正月の予定はなく、気軽に引き受けた。三一日の朝、インスタントラーメン、切餅、魚肉のソーセージなどを買い込んで泊まり込みの用意をして社に入った。

この日には奇妙な電話が一本入った。

「もしもし、そちらはヒカク協同組合ですか」と聞いてきた。何のことやら意味が分からず聞き直すと「皮革」つまり皮屋さんの組合か、と間違えてかけてきたのだった。「革共同」は皮屋さん組合か、変な間違いに笑ったものの、誰かがこの瞬間に前進社に人がいるかどうかの確認をしてきたな、という直感もあった。

革マル派の他党派活動家へのテロは六七年一〇・八羽田、三里塚、王子野戦、東大闘争などの運動の高揚に応じて激化したが、このころは六三年分裂後の革マル派との抗争が決着していて、一時的な平穏状況ではあった。

夕方、山村さんが来た。

「ご苦労さん。夕飯はまだだろう」と誘ってくれる。機関紙「前進」の編集長と話すのは初めてである。近くの居酒屋へ行き酒を飲み、飯を食べた。彼はロシア革命の話を延々とした。大学教授の講義のようだった。レーニン、トロツキー、ボリシェビキ、メンシェビキまでは何とかついていったが、ナロードニキの政治方針、カーメネフ、ジノヴィエフになってくるともうKにはお手上げだった。酔っていたせいもあるが、まるで知識の量が違っていた。

六七年の年が明けた。元旦は何もなく、電話の前で本を読んだ。

二日の夕方、本多さんが来た。

「電話なんか正月からかかってこないよ」と言って、外に飲みに行こうと誘ってくれた。革共同書記長とさしで飲む、Kは興奮した。大塚のほうに歩き、正月休み無しで仕事している労働者向けの店に入る。本多さんは山村さんのようにロシア革命の話は全くしなかった。「高校のときに、学校ぐるみで野球の応援に行った。勿論共産党の方針としてそういうこともやったんだ」とか、「中学生の時にもっと勉強しておけばよかった」とか、気楽な昔話をした。彼は、一九三四年生まれで、Kの兄と同じ年であることも知った。彼が中学生の時は敗戦直後であったから、そういう話も出たのである。

本多さんはものすごく速いピッチで日本酒をあけるので、二時間くらいで二人ともべろべろに酔ってしまった。

東池袋へ帰る途中、Kは用を足したくなって、近くの路地に入り立ちションをした。

本多さんはKを見失い、その辺をうろうろしていたらしい。Kが路地に隠れて用を足しているのを見つけて、「見つけた、見つけたぞー」と大声を出した。Kは極まりが悪くて、早く済まそうと思うのだが、たっぷり飲んだために終わらない。

「こんなところに隠れてたな。見つけた。見つけたぞお」とまた大声を出す。

Kは閉口した。この時、飲んだくれた本多さんは無邪気で困った人だった。

三日の昼ころにはK子が来た。

「一日に親戚一同の新年会があったので」とおせちの残りを持ってきてくれた。お重を開けると殺伐とした社内にようやく正月の華やかさが開いた。

彼女は東京都立八王子養護学校に六六年の春に就職し、「うまく行ってる」と晴れやかに笑い、希望に満ちていた。

Kにとってこの春には「明治の柩」の合同公演がひかえている。そのあと、六七年という年がどのように展開していくのかまだ、全くわかっていなかった。

今思うと不思議なのだが、この暮れ、正月にKを訪ねた三人は、その後の人生でKにとってかけがいのない三人になった。

・K子のそれから

七〇年の夏、東大闘争裁判でようやくKは保釈になった。法文館屋上から一年八ヵ月ぶりである。巣鴨拘置所から出たとき、何人かの救対とK子が出迎えてくれた。K子はミニスカートの夏姿でKは目がくらみそうになった。時代がガラッと変わったのを感じた。

全ての被告が出廷拒否している裁判では、検察と裁判官が自分たちのペースで裁判を進められるから、Kの場合も一年か二年で確定=下獄という予想であった。Kは本心からK子といっしょになりたかったし、下獄後の面会人登録には「妻」と書きたかった。Kは結婚式を急いで準備した。K子に正式なプロポーズはしていなかったが、保釈後は洗足で同棲していたので、羽田の両親に「お許し」を願うことにした。

義父はすでに校長職をリタイアして自宅にいた。

「経済的にやっていかれるのか。K子が苦労するようでは困る」と言い、義母はそれをうけて「K子は学校の教師をしているのだから、持参金付きみたいなものよ」とKの肩を持ってくれ、お許しを得た。Kは「持参金付き」という古めかしい言い方にちょっと驚いたが、祝福とも受け取れた。六六年に就職したとき、学校近くに下宿が決まり、ある日、下宿用の身の回り品を買いに行った。義母もどういう下宿か見ておきたい、と八王子にやってきた。K子は母親におねだりする子供のように、「庭に出るとき用にサンダルがほしい」といった。

Kは義母の返事を待たず「そんなのは古いズックでいいんだよ」と言って結局買わなかった。このことを義母はずっとのちに、「あの時に、Kさんなら大丈夫と思ったのですよ」と語った。

下宿は村中さんという民家の離れで、家の玄関を通らずに庭から入ることができた。Kは時間ができたときにはK子を訪ね、泊まっていった。村中さんはこれに気付いて義母に電話した。

「こういうことを言っては何ですが、K子さんのところに時々男の人が来て泊まっていくようなんですよ。お母さんにはお知らせしておいたほうがいいと思いまして……」

「それはどのような人でしたか」

「背の高い人でした」

「それならばいいんですよ」

そういうやりとりがあったらしい。これは結婚してからK子から聞いた。「村中さんも秘密を知って、困っていたのだろうね」と二人で大笑いしたことだった。

結婚の許可、という大事な儀式にKが一人で行ったことで、「私に何も言わないで……」とK

子は少しむくれたが、様子を話し、OKが出たことで喜んだ。

K子はその後三九年間、八王子養護と立川養護で一教諭として活動した。父親がいくら校長試験を受けなさいと言っても聞かなかった。現代の校長先生は教育委員会の末端職になってしまって、教育方針について自分の考えなど全く通らない時代になってきているからだ。八王子養護はK子が就職したときにできた新設校で、職員会議でカリキュラムが決まるような創造性に満ちていたようだ。「子どもにとって学校とは何か」という根本的な発想は「総合学習」を生み、「ものつくり」の授業へと展開する。八王子が絹織物の産地であったという地域性と結びつき、蚕を飼って絹糸を紡ぐことからはじまり、機織りで作品化するラディカルな「ものつくり」教育を生んだ。また、自由な発想は高校三年生の修学旅行に広島を選び「実質的な総合学習にしよう」との教師たちの努力のたまものであった。それはのちに沖縄への修学旅行へと広がり、「総合学習」の奥行きを生み出していった。(詳しくは「八王子養護学校の思想と実践」一九八四年明治図書刊参照。K子は一二人の執筆者の一人である)

退職後は障害者のグループホーム立ち上げに力を注いで、初めの一棟を軌道に乗せた。

二〇〇九年、そのグループホームの世話役として週に何度も泊まり込みをして支援活動をしていたとき、突然、平行感覚を失った。脳外科の精密検査の結果「脊髄性小脳変性症」と診断された。「難病」である。原因はわからず、治療方法もない。ひとまず、自宅での療養生活になったが、年を追うごとに進行していった。歩行困難、嚥下障害、誤嚥による肺炎の繰り返し、誤嚥を避けるための胃瘻設営、唾液の誤嚥による重篤な肺炎、呼吸確保のための「分離手術（食道と気管を分離する）」。肺炎のリスクは半減したが、声を失った。

全てを受け入れた上で、なお、生きる意志は固い。

あとがき

ハンナ・アレントは活動について次のように書いています。

「活動の意味が完全に明らかになるのは、ようやくその活動が終わってからだということである」

「活動の過程、したがって歴史過程全体を照らす光は、ようやくその過程が終わったときにのみ現われ、場合によっては、参加者全員が死んだ後に現れる。いいかえると、活動が完全にその姿を現すのは、物語作者である歴史家が過去を眺めるときだけである」

（『人間の条件』志水速雄訳、ちくま学芸文庫）

歴史の当事者にはその活動の全体が見えず、その意味すら明らかでない――とするなら、私たちはただ後の歴史家のための素材を提供するだけになり、ニヒリスティックで、投げやりな気分に落ち込んでしまいます。しかし、活動家は誰もが自分たちの活動の意味や時代の全体を知りたいという欲望を断ちがたいのです。

レッド・アーカイヴズの営み、つまり、活動家の経験＝部分をいくら積み重ねてもそれは「部分の集合」であって、運動の全体を明らかにはしない……、という批判があります。

全くそのとおりです。

しかし、「全体」を知ろうとする志向は、体験とはまた別の事です。全体とは革命の側が行動した戦いであると同時に、「国家権力」奪取という戦略目標において、国家権力とどのように戦い、前進したのか、つまり、彼我の時代的な関係を含まなくてはなりません。

極論すれば、国家権力にとって一九六九年までは革命運動は日本には存在せず、われわれの活動は「公務執行妨害」や「東京都公安条例違反」に分解された個人的違反行為でしかありませんでした。

しかし、六九年四・二八沖縄闘争集会での「首相官邸占拠、首都制圧」の演説に対して破防法の「扇動罪」を適用し、革共同本多書記長はじめ六人、赤軍派塩見議長（別件）を逮捕・起訴しました。裁判の争点の中心は「現下の危機」が存在したか否か、です。現下の危機とは国家権力の危機です。

過去の日共の破防法裁判では、「危機はなかった」との被告側主張で無罪となりました。新左翼（革共同と共産同、共産同赤軍派）は演説に対応した闘いがあった、と主張し有罪となりました。「革命の危機」が存在したし、かつ現在していることを主張し、有罪とされたのです。

「破防法を引き出した」とは本多氏の〝誤解された〟有名な発言であります。古今東西、政治弾圧を歓迎する活動家はいません。彼は運動の政治的、時代的な現在が国家権力の「現下の危機」を認めざるを得ない段階に突入したことを喜び、そう叫んだのです。

しかし実際の問題として、破防法の発動は「破防法体制」をも生み出しました。国家公安体制は破防法発動によって大いに士気を高め、大胆なスパイ活動はもとより、民間別働隊を育成して現憲法下では彼らができない「民間暗殺部隊」をも組織したのであり、本多延嘉氏の暗殺はその手始めである、といってよいでしょう。

時代の全体についての考察はここから始めなければなりません。

現政権は「戦争をする国家」にむけて国家緊急法の整備に邁進しています。国内的に「破防法体制」で物言えぬ人民へと圧迫し、対外的に有事立法はじめ平和憲法を破壊する法制で「かつて歩んだ戦争への道」へと向かっています。

しかし必ずしも、それは暗黒への道とはならないでしょう。今日こそ、「自由」とか「平和」という抽象的で、身近に感じられなかった人間の条件がかつてないほどはっきりと見えて、その価値の尊さが身に染みて感得できる時代はないのですから。

本文中のKは筆者自身であり、H氏は本多延嘉氏です。また、K子は私のつれあいのけい子です。記述において仮名としたのは、実名によって私自身が情緒的な気分に入り込み、時代的、事

実的な部分が損なわれてしまうオソレを感じたからで、他意はありません。基本的に、公的に知られている人士以外はすべて仮名としました。

レッド・アーカイブズシリーズ第三巻は、斉藤政明著『奥浩平がいた――私的覚書』を予定しています。第一巻『青春の墓標　奥浩平』、第二巻『近過去　奥浩平への手紙』の時代をカバーし、なおかつ革共同九州地方委員会キャップとしての豊富な政治経験の『覚書』は時代を照らすドキュメントとして貴重な記録となっています。

第一巻『青春の墓標　奥浩平』復刻増補版において次の誤りについてお詫びし、訂正させていただきます。

①375頁14行目　「八・二一（六九年法政大学）」とあるのは「（七〇年法政大学）」です。
②397頁　『青春再訪』高木茂著」とあるのは「高本茂著」の誤りです。
③415頁13行目　「重い刑を打たれ、七年の獄中生活」とあるのは「重い刑で起訴され、七年の未決拘留」に訂正します。

川口　顕（かわぐちあきら）

1943年8月、東京都品川区に生まれる。

都立小山台高校を経て、横浜市立大学文理学部に入学、奥浩平と出会う。

'65年奥浩平の自殺から'75年本多延嘉暗殺までの10年間、革共同全国委員会の常任として活動した。そのうち未決・懲役刑を合わせ約5年間は獄中にあった。

'79年組織を離脱し、数年の潜伏後、広告代理店を設立し以後20年間、広告ディレクターとして仕事をした。

near past
近過去　奥浩平への手紙　　レッド・アーカイヴズ 02

2016年10月8日　初版第1刷発行

著　者――――川口　顕
装　幀――――中野多恵子
発行人――――松田健二
発行所――――株式会社 社会評論社
東京都文京区本郷2-3-10
電話：03-3814-3861　Fax：03-3818-2808
http://www.shahyo.com
組　版――――Lunaエディット.LLC
印刷・製本――株式会社　倉敷印刷

Printed in japan